INHALT

Der 24. Meistertitel, der 17. Pokalsieg, das zehnte Double: der FC Bayern 2014.

Meisterchance fast 50 Prozent
Seit der ersten Bundesliga-Meisterschaft 1969 haben die Bayern bis 2014 in 46 Spielzeiten 23 Titel geholt. Wer also vor der Saison auf den Meister Bayern tippt, hat eine Trefferchance von 50 Prozent!

Die Bayern: der Rekord-Verein

Der FC Bayern sicherte sich 2013/14 in Rekordzeit die Deutsche Meisterschaft – nämlich bereits sieben Spieltage vor Saisonende – und gewann erneut den DFB-Pokal. Er ist der mit Abstand berühmteste und erfolgreichste Fußballklub Deutschlands. Und das nicht erst seit 2012/13, als die Bayern das Triple aus Deutscher Meisterschaft, DFB-Pokal und Champions League holten. In allen Wettbewerben hat der FC Bayern die meisten Titel gewonnen. Aber nicht nur bei den Trophäen hält er alle Rekorde. Keiner hat so viele Siege errungen, Punkte gesammelt und Tore geschossen wie die Bayern in ihren 1.670 Bundesliga-Spielen. Keiner hat so viele Nationalspieler und Weltmeister hervorgebracht. Und natürlich hat auch keiner so viele Mitglieder und Fans.

Zuletzt haben die Bayern so viele Bestmarken aufgestellt wie noch nie zuvor. Das „Sieger-Gen" der Münchner zeigt sich aber nicht nur dann, wenn sie 34 Spieltage Tabellenführer sind (was ihnen viermal gelang) oder überlegen alle Titel holen. Es wird auch deutlich, wenn sie ein Spiel in der letzten Sekunde für sich entscheiden oder den Meistertitel erst am letzten Spieltag erobern.

CHRISTOPH BAUSENWEIN

DAS GROSSE BAYERN-BUCH

VERLAG DIE WERKSTATT

Der Autor

Christoph Bausenwein veröffentlichte im Verlag Die Werkstatt einige viel beachtete Bücher zur Fußballgeschichte. Speziell für Jugendliche verfasste er mehrere Bücher über die deutsche Nationalmannschaft, den Frauenfußball und verschiedene Bundesligavereine.

Literatur

Wenn ihr noch mehr über den FC Bayern erfahren wollt, dann schaut doch in unten stehende Bücher. Aus ihnen stammen auch viele Informationen, die dieses Buch enthält.

Christoph Bausenwein: *das Bayern-Lexikon. Spieler, Tore und Triumphe,* Göttingen 2010

Christoph Bausenwein: *Das Prinzip Uli Hoeneß. Ein Leben in Widersprüchen,* Göttingen 2014

Christoph Bausenwein, Dietrich Schulze-Marmeling: *FC Bayern München. Unser Verein, unsere Geschichte,* Göttingen 2012 (aktualisierte Neuauflage 2013)

Dietrich Schulze-Marmeling: *Die Bayern. Die Geschichte des Rekordmeisters,* Göttingen 2011

Bildnachweis:

firo sportphoto: 62, 63u, 72u, 73 (2), 74l, 75 (3), 76l, 97o, 102u

Fotoagentur Horst Müller: Cover (5), 4u (4), 6ur, 7, 17o, 20 (5), 21, 23ol, 24 (2), 27, 29 (3), 30, 31r, 32 (2), 33 (2), 34 (4), 35, 36l, 37or, 38r, 39u, 40, 41 (8), 42u, 43o, 45, 46, 47 (8), 48 (3), 50o, 51o, 52 (2), 53 (2), 54 (2), 55o, 56 (2), 61o, 62u, 72o, 73u, 78 (2), 83o, 84/85, 88u, 91or, 93, 95u, 96 (2), 97u, 98u, 101o, 103m, 104o, 105 (2)

Getty Images: 49, 51u, 79, 86u, 94

imago Sportfoto: Cover (2, Schweinsteiger, Scholl), Rückseite, Vorsatz, 2, 4o, 22 (2), 23or, 25, 26, 28, 38l, 39o, 50u, 56 (Stadion), 61u, 66 (2), 67 (2), 68 (2), 69 (2), 70, 71 (2), 73 (Dante), 74 (2), 76r, 77 (3), 78u (2), 87m, 89o, 91ol, 96u, 99, 100, 101u, 107

picture alliance/dpa: Cover (Müller), 31o, 36r, 41 (Aumann), 42o, 43u, 44, 48ul, 53u, 55u, 56r, 57ol+om, 58 (2), 59 (4), 60, 63o, 64, 65 (3), 77ol, 78 (Kinder), 80 (2), 81 (2), 85u, 87 (2), 89u, 90u, 91u, 92, 95o, 103u, 106

Andreas Kalka: 37u; Archiv des Autors: 15 (4), 18, 19r (6), 105o; Bildarchiv Preußischer Kulturbesitz: 10, FC Bayern München: 85o; Herbert Liedel: 34u, 37ol; Historisches Sportarchiv Wolfram Dietz: 15o (3), 102, 103o, 104u; Privatarchiv Uri Siegel: 90o; Stadtarchiv München: 82u; Thilo Thielke: 86o

Übrige Fotos: Archiv des Verlags

MIX
Papier aus verantwortungsvollen Quellen
FSC www.fsc.org
FSC® C110508

Bibliografische Information der Deutschen Nationalbibliothek: Die Deutsche Nationalbibliothek verzeichnet diese Publikation in der Deutschen Nationalbibliografie; detaillierte bibliografische Daten sind im Internet über http://dnb.d-nb.de abrufbar.

5., aktualisierte Auflage Juni 2014

Lotzestraße 22a, D-37083 Göttingen
www.werkstatt-verlag.de

Satz und Gestaltung: Verlag Die Werkstatt
Covergestaltung: www.vogelsangdesign.de
Druck und Bindung: Westermann Druck Zwickau

ISBN 978-3-89533-717-8

Titel und Rekorde des FC Bayern

24 x Deutscher Meister

1 x Gewinner UEFA-Pokal

5 x Gewinner Europapokal der Landesmeister / Champions League

17 x DFB-Pokalsieger (davon 10 „Doubles“, also Meisterschaft und Pokalsieg in einer Saision)

1 x Gewinner Europapokal der Pokalsieger

2 x Gewinner Weltpokal

1 x Klub-Weltmeister

Bundesliga-Rekorde

Gesamt-Rekorde (bis 10.5.2014)*:
3.604 Tore (Tordifferenz +1.720)
3.276 Punkte
965 Siege
653 Spieltage Tabellenführer
615 Heimsiege
350 Auswärtssiege

Saison-Rekorde (alle ohne Zeitangabe 2012/13):
Der größte Vorsprung: **25 Punkte**
Die beste Rückrunde: **49 Punkte**
Die beste Tordifferenz: **+80**
Die meisten Punkte: **91**
Die meisten Saisonsiege: **29**
Die meisten Saisontore: **101** (1971/72)
Die meisten Spiele ohne Gegentor: **21**
Die meisten Heimsiege: **16** (1972/73; wie Schalke 1971/72 und Wolfsburg 2008/09)
Die meisten Auswärtspunkte: **47**
Die meisten Auswärtssiege: **15**
Die wenigsten Niederlagen: **1** (wie Bayern 1986/87)
Die wenigsten Gegentore: **18**
Die wenigsten Auswärtsgegentore: **7**
Die wenigsten Auswärtsniederlagen: **0** (wie Bayern 1986/87)
Der früheste Herbstmeister: **14. Spieltag**
Der früheste Meister: **27. Spieltag** (2013/14)
Die längste Siegesserie: **14**
Die längste Auswärts-Siegesserie: **10** (2013/14)
Die längste Siegesserie zum Saisonstart: **10 Siege**
Die längste Serie ohne Niederlage ab Saisonstart: **28** (2013/14)
Die längste Serie mit mindestens zwei Treffern: **20** (2013/14)

Serien über mehrere Spielzeiten:
Die längste Siegesserie: **15 Siege** (19.3. bis 20.9.2005)
Die längste Serie ohne Niederlage: **53 Spiele** (28.10.2012 bis 5.4.2014)
Die längste Heimsiegserie: **26 Siege** (27.11.1971 bis 26.5.1973)
Am längsten ohne Heimniederlage: **73 Spiele** (11.4.1970 bis 14.9.1974)
Am längsten ohne Auswärtsniederlage: **33 Spiele** (21.4.2012 bis 5.4.2014)
Die längste Torserie: **65 Spiele** mindestens ein Treffer (21.4.2012 bis 5.4.2014)

*Der FC Bayern liegt in der ewigen Bundesliga-Tabelle auf Platz 1. Auf Platz 2 folgt mit großem Abstand Werder Bremen (2.876 Tore / Tordifferenz +450, 2.603 Punkte, 727 Siege).

Weitere Rekorde
412 Europacup-Spiele
225 Europacup-Siege
12 Finals im Europacup

(Daten bis zum Ende der Saison 2013/14 Europacupspiele incl. Supercup und Play-Offs.)

ROTHOSEN AUS SCHWABING

Der FC Bayern 1900 - 1965

Bayerischer Meister
(Ostkreismeister) 1910, 1911

Süddeutscher Meister 1926, 1928, 1932,
1965 (Regionalliga)

Deutscher Meister 1932

DFB-Pokalsieger 1957

Der FC Bayern im Gründungsjahr.

Geschichte des Fußballs

1848 Erste allgemeine Fußballregeln in England
1863 Gründung des englischen Fußballverbandes
1880 Einführung des Schiedsrichters
1885 Erste Profis in England
1888 Gründung der englischen Liga
Gründung von Germania 1888 in Berlin (ältester heute noch bestehender deutscher Fußballverein)
1900 Gründung des DFB in Leipzig
Gründung des FC Bayern
1903 VfB Leipzig erster Deutscher Meister
1930 Erste Weltmeisterschaft in Uruguay
1932 FC Bayern erstmals Meister
1935 Erster Pokalwettbewerb in Deutschland
1956 Real Madrid erster Sieger im Europapokal der Meister (heute Champions League)
1963 Einführung der Bundesliga
1965 Aufstieg des FCB in die Bundesliga
1974 FC Bayern erstmals Sieger im Europapokal der Meister
1987 FCB deutscher Rekordmeister (10 x)

Die Vereinsgründung

In München wurden die ersten Fußballer im Jahr 1895 auf der Theresienwiese gesichtet. Es gab aber zunächst nicht viele Fußballfans. Die meisten jungen Deutschen turnten lieber. Sie mochten keinen Fußball, da das Spiel aus England kam und deshalb als „undeutsch" galt. Auch als manche Turnvereine eigene Fußballabteilungen gründeten, änderte sich daran nur wenig. So galten die Fußballer, die sich im Jahr 1897 im Männerturnverein (MTV) München zusammenschlossen, immer noch als Außenseiter – und das zu einer Zeit, als in England schon hochbezahlte Profis vor Zehntausenden spielten.

Bald stritten sich die Fußballer im MTV auch untereinander. Die einen wollten Fußball nur als Ergänzung zum Turnen betreiben. Die anderen wollten endlich richtige Meisterschaftsspiele im Süddeutschen Fußballverband austragen, der gerade gegründet worden war. „Wir müssen die Fesseln der Turnerbewegung abstreifen!", forderten die Rebellen um ihren Anführer Franz John. Am 27. Februar 1900 fand deshalb im MTV-Vereinslokal „Bäckerhöfel" unweit vom Marienplatz eine Sitzung statt. Auf dieser Versammlung wurde darüber abgestimmt, ob der MTV dem Süddeutschen Fußballverband beitreten soll. Als sich die Turner gegen den Beitritt entschieden, verließen elf MTV-Fußballer aus Protest die Versammlung. Sie begaben sich in die Gaststätte „Gisela" nahe dem Odeonsplatz und gründeten noch am selben Abend den FC Bayern München als eigenständigen Verein. Zum ersten Vorsitzenden wurde Franz John gewählt.

Franz John, Bayern-Präsident 1900 - 1903, war wie so viele Mitglieder kein echter Bayer.

Der Name „Bayern"

Auf der Gründungsversammlung diskutierte man lange über den Namen des neuen Fußballklubs und entschied sich schließlich für den Namen „FC Bayern". Damit folgte man einem damals weitverbreiteten Brauch. Viele der neuen Fußballvereine, die zu dieser Zeit in ganz Deutschland entstanden, wollten im Vereinsnamen den Stolz auf ihre Heimat zeigen. Im Rheinland oder in Westfalen hießen Vereine zum Beispiel „Rhenania" oder „Westfalia", in und um Berlin gab es viele Klubs, die sich „Preußen" oder „Borussia" (so heißt Preußen auf Lateinisch) nannten.

Erste Spiele

Erster offizieller Gegner des FC Bayern war im März 1900 der 1. Münchner SC. Zum Spiel traten die Bayern in hellblauen Hemden und weißen Hosen an und siegten mit 5:2. Wenig später folgte ein 7:1-Triumph gegen die alten Kameraden vom MTV München. Unabhängige Fußballer, so zeigte sich, waren eben besser als Turner. Kein Wunder, dass der FC Bayern in den nächsten Jahren mehrmals den Titel eines Münchner Stadtmeisters errang.

Der Niederländer Dr. Willem Hesselink spielte ab 1903 beim FC Bayern. Er trieb die Mannschaft als Spielmacher an und war als Torjäger gefürchtet.

„Zugroaste"

Viele der Gründungsmitglieder waren keine Bayern. Sie hießen Focke und Francke, Pollack und John. Die meisten dieser Männer stammten aus Sachsen und Norddeutschland. Franz John, der erste Vorsitzende in der Geschichte des Vereins, kam aus Pritzwalk im heutigen Mecklenburg. Es ist nicht verwunderlich, dass der FC Bayern in den Ruf kam, nicht wirklich ein Verein von und für „echte" Bayern zu sein, sondern einer für „Zugroaste", also Zugereiste, aus Preußen.

Rot und Weiß
Das erste Vereinslied wurde nach der Melodie der Bayern-Hymne („Gott mit dir, du Land der Bayern") gedichtet. Die zweite Strophe lautet:
„Treu woll'n wir den Sport verehren,
Zu ihm steh'n um jeden Preis,
Treu woll'n alle wir nur schwören
Auf die Farben: Rot und Weiß!"

Kavaliere aus Schwabing

Der FC Bayern war ursprünglich ein Schwabinger Verein. Die erste eigene Spielstätte des Vereins lag an der Clemensstraße. Im Jahr 1907 folgte der Umzug in die Leopoldstraße, wo ein für damalige Verhältnisse hochmoderner Sportplatz zur Verfügung stand. Schwabing war in dieser Zeit das Zentrum der Münchner Künstler und Studenten. Die Bayern waren kein Verein für Arbeiter, sondern viel mehr für „Kavaliere", die auf Bildung, gutes Benehmen und schicke Kleidung Wert legten. Bis zum Ersten Weltkrieg musste jeder, der in den Verein aufgenommen werden wollte, mindestens die Mittelschule – das war damals die Realschule – besucht haben. Mitglieder wurden daher vor allem Studenten, Künstler und junge Kaufleute. Den Stadtteil Schwabing verließ der FC Bayern erst 1946, um an die Säbener Straße nach Harlaching zu ziehen. Geblieben aber ist sein Ruf, ein besonderer Verein für die Erfolgreichen und Prominenten zu sein – für die „Schickeria" eben.

Die Rothosen

In hellblauen Hemden und weißen Hosen hatten die Bayern ihren Spielbetrieb begonnen. Aus praktischen Erwägungen wechselten sie dann zu weißen Hemden und schwarzen Hosen. Nachdem man sich im Jahr 1906 aus finanziellen Gründen dem Münchner Sportclub (MSC) angeschlossen hatte, war schließlich eine erneute Änderung fällig. Die Farbe des MSC, des damals größten Sportvereins Münchens, war nämlich Rot. Daher spielte der „FC Bayern, Fußballabteilung des MSC", fortan in weißen Hemden und roten Hosen. Vom Volksmund wurden die Spieler schon bald als die „Roten" bzw. die „Rothosen" bezeichnet. Die Spieler des TSV 1860, des anderen großen Münchner Vereins, wurden entsprechend als „Blaue" bezeichnet.

Westlich des Englischen Gartens, in der Schwabinger Türkenstraße, wimmelte es um 1900 nur so vor Künstlern aller Art.

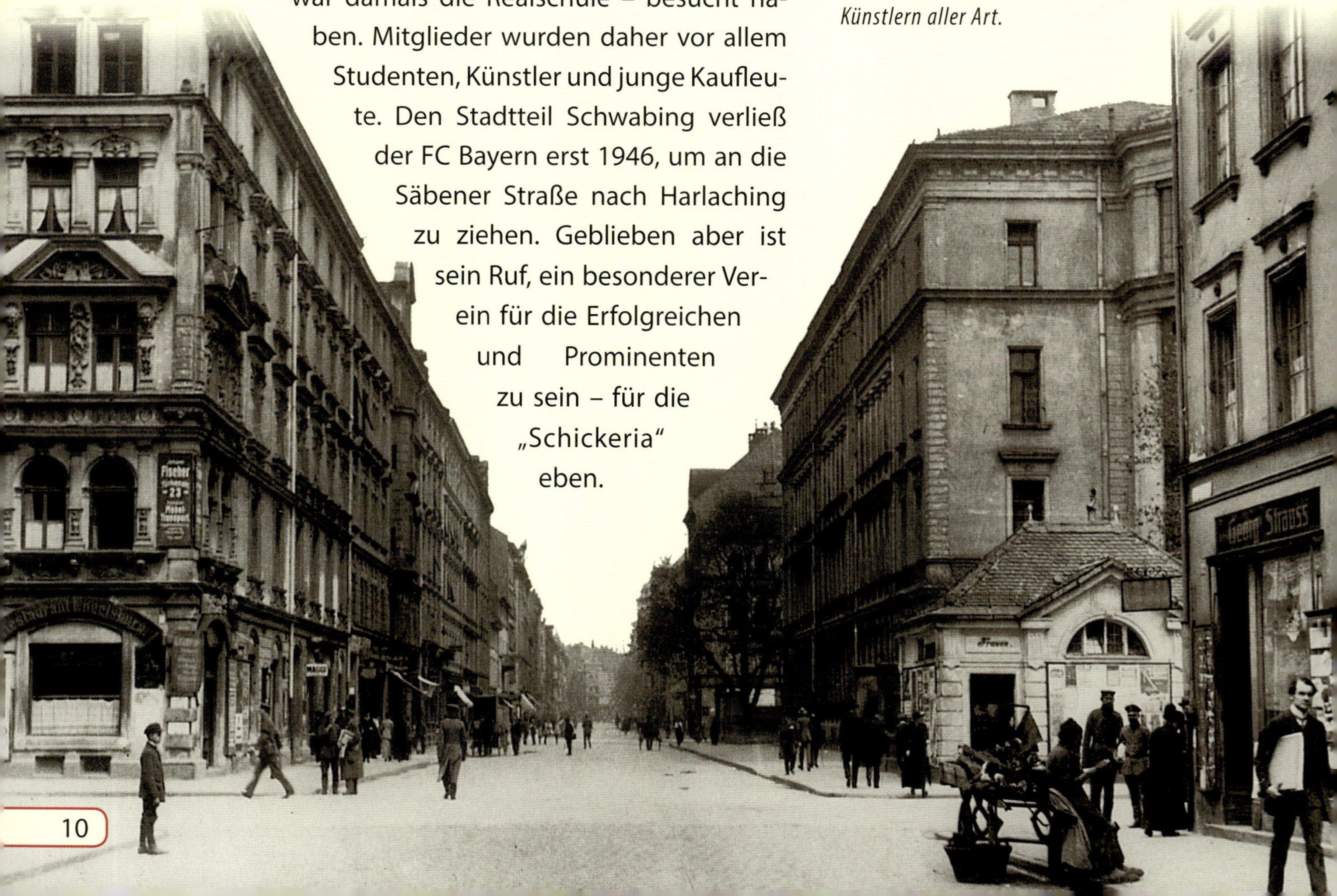

Der FC Bayern ist Ostkreismeister 1909/10.

Stareinkauf
Vor der Saison 1910/11 verstärkte sich der FC Bayern gezielt. Größter Star war der Torhüter Karl Pekarna. Er stammte aus Wien und war für seine eleganten Flugparaden berühmt. Um den Weltklassemann vom Lokalrivalen FC Wacker München wegzulocken, sollen die Bayern viel Geld gezahlt haben. Da Fußball damals in Deutschland noch ein reiner Amateursport war und kein Sportler bezahlt werden durfte, wurde Pekarna vom Süddeutschen Fußballverband vorübergehend ausgeschlossen.

Die ersten Erfolge

In der Saison 1907/08 wurde der FC Bayern erstmals Meister in der A-Klasse Oberbayern. In den Jahren 1910 und 1911 waren die „Roten" dann in ganz Bayern die Besten: Sie gewannen den Titel des bayerischen Meisters (damals auch Ostkreismeister genannt, bezogen auf den Kreis Ost des Verbandes Süddeutscher Fußballvereine). Diese Erfolge beruhten vor allem auf zwei Maßnahmen: Zum einen hatte man schon frühzeitig damit begonnen, gezielt vielversprechende Talente zu verpflichten. Zum anderen spielte man seit einiger Zeit regelmäßig gegen die spielstarken englischen Profiteams und wurde so immer besser. Trainiert wurde die erste Erfolgsmannschaft der Bayern von dem Engländer Taylor, bester Spieler war Max Gablonsky. Der schnelle Rechtsaußen war auch der erste Nationalspieler der Bayern. Insgesamt bestritt er ab 1910 vier Länderspiele für den Deutschen Fußball-Bund (DFB).

Der berühmte Bayern-Torhüter Pekarna (links) in Aktion.

Mit britischen Trainern zum Erfolg

Seit 1907 hatte der FC Bayern gute Erfahrungen mit Trainern aus dem Mutterland des Fußballs gemacht. Im Frühjahr 1919 bekam der Verein nun mit dem englischen Ex-Profi William Townley (u. a. Blackburn Rovers), der 1914 die SpVgg Fürth zur Deutschen Meisterschaft geführt hatte, einen überragenden Fußballexperten als Trainer. Townley brachte den Bayern-Spielern bei, wie man den Ball mit kurzen, schnell und flach gespielten Pässen gefährlich vor das Tor des Gegners treiben kann. Für die ganz großen Erfolge reichte es noch nicht, aber immerhin war der FC Bayern nun in Südbayern die beste Mannschaft. Als 1925 der Schotte Jim McPherson das Training übernahm, lernten die „Rothosen" nun neben dem Spielen auch noch das Rennen, Kämpfen und Toreschießen. Am 11. April 1926 sicherten sich die Bayern erstmals die Süddeutsche Meisterschaft mit einem 4:3 im Endspiel gegen die SpVgg Fürth. Im Lauf der Saison hatte der „Wundersturm" der Münchner sagenhafte 176 Tore erzielt! Doch trotzdem reichte es nicht für die erste Deutsche Meisterschaft: In der Endrunde war man zu siegessicher und scheiterte mit 0:2 an Fortuna Leipzig.

1932: Die erste Meisterschaft

Nach zwei weiteren Misserfolgen in der Endrunde war es 1932 unter dem neuen Trainer Richard „Little" Dombi, einem Wiener jüdisch-ungarischer Herkunft, endlich so weit: Der FC Bayern errang den deutschen Meistertitel! Und das noch vor den starken Gegnern aus München – Wacker und 1860 –, die ebenfalls zur deutschen Spitzenklasse zählten! Das Geheimnis des Erfolgs: Die Bayern konnten nun nicht nur spielen, rennen, kämpfen und Tore schießen –

1928 wurde der FC Bayern zum zweiten Mal Süddeutscher Meister.

sie wussten jetzt auch noch, wie man Tore verhindert. Die Mannschaft spielte aus einer sicheren Abwehr heraus ruhig und zielstrebig nach vorn. Im Halbfinale schalteten coole Bayern die damalige Supermannschaft des 1. FC Nürnberg aus (2:0), und im Endspiel, das in Nürnberg stattfand, gab es einen verdienten 2:0-Erfolg gegen Eintracht Frankfurt. Die Tore erzielten die Stürmer „Ossi" Rohr (durch Elfmeter) und Franz Krumm.

Die erste Bayern-Meisterfeier mit dem damaligen Pokal, der Viktoria.

Fußball im Krieg

Am 1. September 1939 begann der Zweite Weltkrieg mit dem Angriff der deutschen Wehrmacht auf Polen. Fast alle Fußballspieler wurden nun in die Hitler-Armee einberufen. Kaum ein Verein konnte mehr eine komplette Mannschaft aufstellen. So kam es, dass die Vereine vorübergehend „gemischt" wurden – und Spieler des FC Bayern und des TSV 1860 in derselben Elf aufliefen.

Eines der 243 Bayern-Mitglieder, die sich 1939/40 eine Uniform anziehen mussten, war der Verteidiger Jakob Streitle.

Keine Bayern-Erfolge unter Hitler

Nach der Machtergreifung der Nationalsozialisten unter ihrem „Führer" Adolf Hitler am 30. Januar 1933 wurde der gesamte deutsche Sport umgekrempelt. Jüdische Mitglieder wurden aus den Vereinen ausgeschlossen. Den FC Bayern, dessen Entwicklung jüdische Bürger maßgeblich beeinflusst hatten, traf es besonders schlimm. Der langjährige Vereinsvorsitzende Kurt Landauer, der Jude war, musste sein Amt niederlegen und war zeitweise im KZ Dachau inhaftiert. Er floh später in die Schweiz, genauso wie der Erfolgstrainer Dombi und der Torjäger „Ossi" Rohr. So war es kein Wunder, dass dem FC Bayern sportlich nicht mehr viel gelang. Der beste Fußball in Deutschland wurde nun im Ruhrgebiet gespielt: in Gelsenkirchen, vom FC Schalke 04.

Endspiel 1932: das 1:0 von Bayern-Stürmer „Ossi" Rohr.

DIE BESTEN DER BAYERN
DIE ERSTEN STARS

Neben dem zuverlässigen Linksverteidiger **Emil Kutterer** galten insbesondere **Josef Pöttinger** und **Ludwig Hofmann** als die großen Stars der Bayern in den 1920er Jahren. Pöttinger, ein waschechter Münchner aus dem Stadtteil Neuhausen, war ein äußerst treffsicherer und trickreicher Stürmer. In der Saison 1925/26, als der FC Bayern die Süddeutsche Meisterschaft gewann, schoss er 57 Tore. „Wiggerl" Hofmann, ein Supertechniker auf Linksaußen, glänzte mit einem besonderen Trick: Er zog sich den rechten Schuh über den linken Fuß, um den Ball besser anschneiden zu können. Leider verpassten Kutterer, Pöttinger und Hofmann, die alle regelmäßig in der Nationalmannschaft spielten, den Triumph der ersten Bayern-Meisterschaft.

Herrgottsakra
In den 1930er Jahren war „Lutte" Goldbrunner Stammspieler in der Nationalmannschaft (39 Länderspiele) und galt als einer der besten Mittelläufer Europas. Kaum ein Mittelstürmer hatte eine Chance gegen ihn – bis auf den Italiener Piola. „Der ist mir einige Male auskommen, Herrgottsakra", ärgerte er sich.

DIE MEISTERELF VON 1932

Die Abwehr mit den Nationalspielern **Sigmund Haringer** und **Conrad Heidkamp** zählte zum Besten, was es zu dieser Zeit in Deutschland gab. Kapitän Heidkamp blieb bis 1944 ein wichtiger Spieler des FC Bayern.

Die Positionen der Außenläufer waren mit unterschiedlichen Typen besetzt. Rechts überzeugte **Robert „Pius" Breindl** mit unermüdlicher Kampfkraft, links beeindruckte **Ernst Nagelschmitz** mit hervorragender Technik. Als Mittelläufer schaltete und waltete der außergewöhnlich zweikampfstarke Kopfball-Experte **Ludwig „Lutte" Goldbrunner**. Den rechten Flügel bildeten der trickreiche **Franz Krumm** und der schussstarke Dribbler **Josef Bergmaier**, links stürmten **Hans Schmid** und der aus der Bayern-Jugend hervorgegangene **Hans Welker**. Ein besonders interessanter Mann spielte vorne in der Mitte: **Oskar „Ossi" Rohr**. Der 1930 vom VfR Mannheim gekommene Mittelstürmer blieb nur 16 Monate in München, erzielte aber in dieser Zeit über 30 Tore. 1933 verließ der viermalige Nationalspieler Deutschland. Bei Racing Straßburg in der französischen Liga verdiente er später viel Geld. In Deutschland galt er nun als „Fahnenflüchtiger" und „Gladiator, der sich im Ausland verkauft" – und wurde nie mehr zu einem Länderspiel eingeladen.

Josef Pöttinger

Ludwig Goldbrunner, Hans Welker, Franz Krumm, Emil Kutterer, Ernst Nagelschmitz, Wilhelm „Schimmy" Simetsreiter, Ludwig Hofmann

Oskar Rohr

Josef Bergmaier

Meister-Aufstellung

In den 1920er und 1930er Jahren waren die Fußballteams sehr offensiv aufgestellt. Man spielte mit nur zwei Verteidigern, aber fünf Stürmern (zwei Außenstürmer, zwei Halbstürmer, ein Mittelstürmer). Wichtigster Mann war der Mittelläufer als zentraler Ballverteiler.

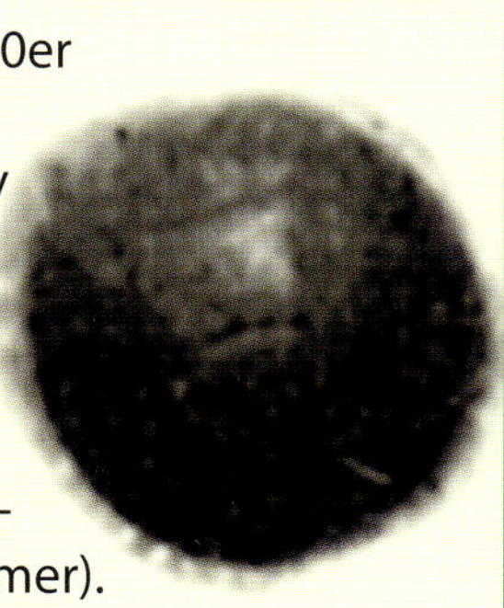

Die Aufstellung des Meisterteams im Finale am 12. Juni 1932:

An der Grünwalder Straße drängen sich die Menschen auch auf den zerstörten Hausdächern in der Nachbarschaft.

Spiele im zerstörten Stadion

Während der Kriegsjahre von 1939 bis 1945 konnte nur mit Mühe und Not weiter gespielt werden. Nachdem das Grünwalder Stadion bei einem Luftangriff zerstört worden war, mussten die Bayern in das Dantestadion ausweichen. Trotz der traurigen Umstände gelang es ihnen, dort 1944 den Meistertitel im Gau Südbayern zu erringen. Als nach dem Krieg die neue Oberliga Süd geschaffen wurde, zog man wieder in die Grünwalder Straße um – obwohl das Stadion immer noch deutlich von den Spuren der Zerstörung gezeichnet war.

Die Oberliga Süd und der erste Pokalsieg

In den Jahren nach dem Krieg hatten die Bayern zunächst keine ganz großen Erfolge mehr. Der Bayern-Sturm, der über Jahrzehnte ein Markenzeichen der Münchner war, schoss nicht mehr so viele Tore wie früher. Außerdem war die Abwehr oft löchrig wie ein Schweizer Käse: Allein in der Saison 1949/50 kassierte man 70 Gegentreffer! Im Spieljahr 1954/55 folgte dann sogar die große Katastrophe: Der FC Bayern stieg mit 15:45 Punkten als Letzter der Oberliga ab in die 2. Liga Süd. Erstmals in seiner Vereinsgeschichte war der FC Bayern zweitklassig!

„Sofortiger Wiederaufstieg!" hieß die Forderung der Fans, und die Spieler erfüllten sie. Sogar mehr als das. Völlig überraschend gewannen die Bayern nur ein Jahr nach dem Wiederaufstieg erstmals den DFB-Pokal. Am 29. Dezember 1957 besiegten sie im Endspiel den haushohen Favoriten Fortuna Düsseldorf mit 1:0. Leider war es nur ein kurzer Höhenflug. In der Oberliga Süd zählten die „Rothosen" auch in den folgenden Jahren nur selten zur Spitzenklasse.

Oberliga-Fußball in der Nachkriegszeit: hier der FC Bayern gegen den BC Augsburg.

Die Pokalsieger-Mannschaft von 1957.

In der Aufstiegsrunde zur Bundesliga gewann der FC Bayern gleich das erste Spiel gegen Tennis Borussia Berlin mit 2:0.

Der Aufstieg in die Bundesliga

Als 1963 aus den besten deutschen Vereinen die Bundesliga gebildet wurde, waren die Bayern nicht dabei. Es durften nur die Klubs in der Bundesliga spielen, die in den zurückliegenden Jahren die besten Ergebnisse erzielt hatten. Das waren aus der Oberliga Süd der 1. FC Nürnberg, Eintracht Frankfurt, der VfB Stuttgart, der Karlsruher SC und aus München der TSV 1860. Der FC Bayern musste in die damalige 2. Liga, die Regionalliga. Unter dem neuen Trainer „Tschik" Cajkovski, der ein Team aus jungen Talenten zusammenstellte, gelang dann 1964/65 in der Regionalliga Süd ein unglaublicher Sturmlauf: 146 Saisontore (in 36 Spielen) sind ein bis heute unerreichter Rekord! 33 Tore schoss allein der erst 19 Jahre alte Mittelstürmer Gerd Müller.

In den anschließenden Spielen der Aufstiegsrunde gegen Tennis Borussia Berlin, den 1. FC Saarbrücken und Alemannia Aachen setzten sich die „Rothosen" dann mit 18:3 Toren ebenfalls mühelos durch. Die große Erfolgsgeschichte der Bayern konnte nun beginnen.

Als Geschenk zum Aufstieg in die Oberliga 1956 erhielt jeder Bayern-Spieler einen Hut.

DIE BESTEN DER BAYERN
DIE OBERLIGA-STARS

Der bewährte Verteidiger und Mittelläufer **Jakob Streitle** war bereits 1935 in der 1. Mannschaft der Bayern und auch nach dem Zweiten Weltkrieg noch für viele Jahre ein Führungsspieler. **Herbert Moll**, ein groß gewachsener Mittelfeldspieler, galt in den 1940er Jahren als Vorbild an Einsatz und Fairness. **Gerhard Siedl**, ein trickreicher Torjäger, zählte in den 1950er Jahren zu den besten Stürmern im deutschen Fußball. Der Linksverteidiger **Hans Bauer** war zwischen 1948 und 1959 der Rekordspieler des FC Bayern in der Oberliga Süd (226 Einsätze), 1957 war er Kapitän der Pokalsieger-Mannschaft. Bauer kam bei der WM 1954 zweimal zum Einsatz. Der Mittelfeldspieler **Karl Mai**, der 1958 von der SpVgg Fürth zum FC Bayern wechselte, durfte sich wirklich Weltmeister nennen: Er stand auch im Endspiel (3:2 gegen Ungarn) auf dem Platz. Ein Mann mit dem schönen Namen **Adolf Kunstwadl** war zwischen 1961 und 1965 Stammspieler in der Abwehr des FC Bayern. Der Linksaußen **Dieter „Mucki" Brenninger** war sehr torgefährlich: 24 Treffer erzielte er allein in der Regionalligasaison 1963/64. Auch nach dem Bundesliga-Aufstieg 1965 blieb er ein torgefährlicher Mann mit einer tollen Trefferquote. **Werner Olk**, Abwehrspieler und Kapitän der Jahre 1965 bis 1970, wurde wegen seiner akrobatischen Flugeinlagen im eigenen Strafraum auf den Namen „Adler von Giesing" getauft. **Peter Kupferschmidt** war zwar oft nervös und wurde deswegen von seinen Mitspielern „Psycho" genannt; trotzdem kam an dem Verteidiger kaum ein Gegner vorbei. Der gutaussehende Dribbelkünstler **Rudolf Nafziger** war einer der ersten Bayern-Spieler, der die Mädchen zum Schwärmen brachte. **Rainer Ohlhauser** erwies sich in den Zeiten der Ober- und Regionalliga als unglaublich treffsicherer Stürmer. Allein in der Aufstiegssaison 1964/65 erzielte er 42 Tore (in 36 Spielen!).

Brenninger, Olk, Kupferschmidt, Nafziger und Ohlhauser standen 1967 auch in jener Mannschaft, die den Europapokal der Pokalsieger gewann – zusammen mit drei jungen Spielern, die heute jeder kennt: Sepp Maier, Franz Beckenbauer und Gerd Müller.

Der „alte" Jakob Streitle übergibt den Ball an den jungen Hans Bauer. Titelbild des kicker aus dem Januar 1952. Die Bayern waren damals berühmt für ihre guten Verteidiger.

Autogrammkarten der Oberliga-Stars (von oben):
Rudolf Nafziger, Werner Olk, Peter Kupferschmidt,
Dieter Brenninger, Rainer Ohlhauser, Adolf Kunstwadl
Bild Mitte: Herbert Moll

DAS GOLDENE ZEITALTER

Der FC Bayern 1966 - 1976

Deutscher Meister 1969, 1972, 1973, 1974

DFB-Pokalsieger 1966, 1967, 1969, 1971

Sieger im Europapokal der Landesmeister 1974, 1975, 1976

Sieger im Europapokal der Pokalsieger 1967

Weltpokalsieger 1976

Die Bayern-Mannschaft vor dem Europapokal-Finale 1967 (1:0 gegen Glasgow Rangers).

1967: Triumph im Europapokal der Pokalsieger

In ihrer ersten Bundesligasaison 1965/66 spielte die junge Bayern-Mannschaft, in der inzwischen neben Torwart Sepp Maier und Torjäger Gerd Müller auch der junge Franz Beckenbauer einen Stammplatz hatte, auf Anhieb toll auf. Sie erzielte 71 Tore und landete am Ende auf dem dritten Platz. Noch erfolgreicher war das Team im Pokalwettbewerb. Dortmund, Braunschweig, Köln, Hamburg und Nürnberg wurden alle besiegt. Im Finale gelang vor 60.000 Zuschauern im Frankfurter Waldstadion ein 4:2 nach Verlängerung gegen den MSV Duisburg. Damit waren die Bayern für den Europapokal der Pokalsieger qualifiziert. Und tatsächlich holten sie auch diesen Pokal: Nachdem sie Tatran Prešov, Shamrock Rovers, Rapid Wien und Standard Lüttich ausgeschaltet hatten, warteten im Finale die Glasgow Rangers. Vor 70.000 Zuschauern in Nürnberg stand es nach 90 Minuten immer noch 0:0. In der 108. Minute der Verlängerung erzielte „Bulle" Roth das entscheidende 1:0 für den FC Bayern.

Nach dem Gewinn des Europapokals wird Trainer Cajkovski auf Händen getragen.

Oben: Gerd Müller, Dieter Brenninger und „Katsche" Schwarzenbeck feiern den DFB-Pokalsieg 1969. Rechts: Unter Cajkovski trainierten die Bayern ihre Technik unter anderem dadurch, dass sie statt auf Fußballtore auf Basketballkörbe spielten.

Weitere Pokale

Ihr erster Titel im Europapokal war den Bayern noch nicht genug. Nur wenige Tage nach dem Sieg gegen Glasgow standen sie schon wieder im Endspiel des DFB-Pokals. Diesmal hieß der Gegner Hamburger SV, das Ergebnis lautete 4:0. Den Europapokal der Pokalsieger gewann das Team um Maier, Beckenbauer und Müller dann zwar nicht mehr, aber im deutschen Pokalwettbewerb blieb es weiter erfolgreich: Im Finale 1968/69 gab es ein 2:1 gegen Schalke 04, 1970/71 folgte ein 2:1-Endspielsieg gegen den 1. FC Köln. Innerhalb von sechs Jahren hatten die Bayern damit viermal den deutschen Pokal gewonnen!

Die ersten Erfolgstrainer

Der Stil der Bayern wandelte sich in diesen wenigen Jahren auf erstaunliche Art und Weise. Unter dem immer gut gelaunten „Tschik" Cajkovski, der bis 1968 Trainer war, spielte die Mannschaft einen wilden Angriffsfußball. Das Motto lautete: „Hoch gewinnen oder untergehen". Sein brummeliger Nachfolger Branko Zebec, Trainer bis 1970, setzte auf Disziplin und kontrolliertes Spiel. Das Motto lautete nun: „Nicht die Schönheit zählt, sondern vor allem der Sieg." Die Mannschaft spielte jetzt auch in der Bundesliga beständiger. Sicher war es kein Zufall, dass der FC Bayern erst unter Zebec, nämlich in der Saison 1968/69, seine erste Meisterschaft in der Bundesliga errang. Zuvor hatte es zwar immer wieder hohe Siege gegeben, aber auch deftige Niederlagen.

Fußballer-weisheiten

Gerd Müller: „Wennst denkst, ist's eh zu spät."
Sepp Maier: „Ein Torhüter muss Ruhe ausstrahlen. Er muss aber aufpassen, dass er dabei nicht einschläft."
Franz Beckenbauer: „Man kann jedes Spiel gewinnen, man kann auch jedes Spiel verlieren."

Aufstellung Europapokal-Finale 1967

Die Aufstellung der Bayern im Finale des Europapokals der Pokalsieger am 31. Mai 1967:

Der Finalgegner 1967: die Glasgow Rangers aus Schottland

Mehrfach Meister in der Bundesliga

Das neue Olympiastadion
Am 28. Juni 1972, dem letzten Spieltag der Saison, fand im gerade erst eröffneten Olympiastadion vor fast 80.000 Zuschauern eine Art Endspiel statt: Die Bayern spielten ihren schärfsten Konkurrenten Schalke 04 schwindlig und gewannen mit 5:1.

In der Saison 1967/68 hatten die Bayern zwar 68 Tore geschossen, aber auch 58 kassiert. Mehr als ein fünfter Platz war da nicht drin. 1968/69, in der ersten Saison unter Branko Zebec, lautete die Bilanz 62:31 Tore. Am Ende wurden die Bayern mit einem großen Vorsprung vor Alemannia Aachen erstmals in der Bundesliga Deutscher Meister! Den größten Anteil am Erfolg hatte Gerd Müller, der allein 30 Tore schoss. Danach hieß die Mannschaft der Stunde Borussia Mönchengladbach (Deutscher Meister 1970 und 1971). Schließlich aber kamen die Bayern unter Udo Lattek auf die Überholspur. Der neue Trainer ergänzte die Mannschaft mit jungen und ehrgeizigen Nachwuchsspielern wie Paul Breitner und Uli Hoeneß. Und er verstand es, die inzwischen als Stars gefeierten Bayern-Kicker an der langen Leine zu führen. Die Mannschaft funktionierte und spielte nicht nur im Pokal, sondern auch in der Bundesliga fast immer erfolgreich. Dreimal in Folge – 1972, 1973 und 1974 – errang Lattek mit seiner Mannschaft den Meistertitel. Unerreicht ist bis heute der Rekord der Bayern in der Saison 1971/72: Sie erzielten 101 Tore – 40 davon (in 34 Spielen!) gingen auf das Konto von Gerd Müller.

Vater des Bayern-Erfolgs: Trainer Udo Lattek.

Meister 1973: Sepp Maier führt die Ehrenrunde im Olympiastadion an.

Die Bayern und die „Fohlen“

Von 1968/69 bis 1976/77 machten ganze zwei Vereine die Meisterschaft unter sich aus: Bayern München und Borussia Mönchengladbach. Die Gladbacher Borussen wurden wegen ihrer Jugend auch „Fohlen“ genannt und waren noch erfolgreicher als der FC Bayern: Während die Bayern vier Meistertitel erreichten, schafften die Borussen sogar fünf. Angeblich haben die „Fohlen“, bei denen Günter Netzer die Regie führte, einen schöneren und offensiveren Fußball gespielt als die „Rothosen“ aus München. Das kann aber nicht ganz stimmen: In diesen neun Jahren gewannen die Bayern zwar einen Titel weniger, schossen aber insgesamt 715 Tore – die Gladbacher dagegen „nur“ 676. Richtig ist dagegen, dass die „Fohlen“ international weniger erfolgreich waren. Sie gewannen nur im UEFA-Pokal (heute Europa League) zwei Titel. Die Bayern hingegen konnten ihre Erfolge in der Bundesliga mit dem Europapokal der Landesmeister krönen.

Rekordtransfer
Nachdem die Bayern 1972 die Spitze des deutschen Fußballs erreicht hatten, konnten sie es sich nun erstmals auch leisten, teure Stars zu verpflichten: Vor der Saison 1973/74 kam für die damalige Rekordablösesumme von 800.000 DM (400.000 Euro) Jupp Kapellmann vom 1. FC Köln.

Die Kapitäne und Spielgestalter der beiden besten Teams der 1970er Jahre: Franz Beckenbauer und Günter Netzer.

Der Finalgegner 1974: Atlético Madrid aus Spanien.

1974: Der erste Triumph im Europapokal der Landesmeister

Anfang der 1970er Jahre hieß das beste Team Europas Ajax Amsterdam. Die Kicker aus der Hauptstadt der Niederlande hatten 1971 bis 1973 dreimal hintereinander den Europapokal der Landesmeister gewonnen. Die Bayern waren bis dahin in diesem Wettbewerb stets gescheitert, wobei das 0:4 gegen Ajax am 7. März 1973 besonders bitter war. Noch im selben Jahr aber begannen die Bayern einen neuen Angriff auf die Spitze in Europa – und dieses Mal mit Erfolg. Åtvidabergs FF, Dynamo Dresden, ZSKA Sofia und Újpest Budapest konnten besiegt werden. Am 15. Mai 1974 fand das Finale im Heysel-Stadion von Brüssel statt, der Gegner hieß Atlético Madrid.

Im Spiel trumpften die Spanier vor allem in der zweiten Halbzeit unerwartet stark auf. Nur mit Glück und dank dem Können von Beckenbauer und Maier konnten die Bayern das 0:0 in die Verlängerung retten. Als Atléticos Mittelfeldspieler Luis Aragonés nach 114 Minuten einen Freistoß an Sepp Maier vorbei ins Netz zirkelte, schien das Spiel gelaufen. Doch dann kam die 120. Minute, die letzte Minute der Verlängerung: Ein Fehlpass der Spanier landete bei Georg Schwarzenbeck; der fand keine Anspielstation und zog aus 30 Metern einfach mal ab – und traf zum 1:1-Ausgleich. Es war das erste Europapokal-Tor des kantigen Vorstoppers überhaupt.

Da Endspiele damals noch nicht durch Elfmeterschießen entschieden wurden, mussten beide Teams nur zwei Tage später, wieder in Brüssel, zu einem Wiederholungsspiel antreten. Diesmal waren die Bayern stärker. Die Elf von Atlético, in der viele ältere Spieler standen, war konditionell überfordert. Vor allem Torjäger Gerd Müller und der pfeilschnelle Uli Hoeneß hatten einen großen Tag und erzielten je zwei Tore. Das 4:0 war ein grandioser Sieg, der auch in dieser Höhe verdient war.

Der FC Bayern gewinnt erstmals den Europapokal der Landesmeister.

Die Aufstellung der Bayern im Europapokal-Finale am 17. Mai 1974

Spione gegen die Bayern

Anfang der 1970er Jahre herrschte noch der Kalte Krieg zwischen den Westmächten unter Führung der USA und dem Ostblock unter Führung der damaligen Sowjetunion. Die Grenze verlief mitten durch Deutschland, das in West- (BRD) und Ost-Deutschland (DDR) geteilt war. Vor dem Europapokal-Rückspiel am 7. November 1973 in Dresden gegen den DDR-Vertreter Dynamo war man bei den Bayern sehr verunsichert. Es gab Gerüchte, dass westdeutsche Spieler in der „Ostzone" bespitzelt oder gar vergiftet werden könnten. Der Bayern-Präsident Wilhelm Neudecker entschloss sich daher, seine Mannschaft nicht in dem bereits gemieteten Hotel Newa in Dresden übernachten zu lassen, sondern in der grenznahen westdeutschen Stadt Hof. Besonders die 3.000 Fußballfans in Dresden, die stundenlang vor dem Hotel froren, um die berühmten Bayern begrüßen zu können, waren maßlos enttäuscht.

Die Entscheidung Neudeckers war übertrieben, doch nicht ganz grundlos. Vergiften wollte die Bayern zwar niemand, von der DDR-Staatssicherheit überwacht wurden sie aber schon. Deren Techniker hatten den Salon im Hotel Newa, in dem die Bayern zwar nicht übernachteten, wo aber Bayern-Trainer Udo Lattek die Mannschaftsbesprechung abhielt, mit Abhörwanzen versehen. Die Spione notierten sich die Aufstellung und übergaben sie Walter Fritzsch, dem Trainer der Dresdner. Die Dynamos aus Dresden waren also vor dem Anpfiff gut informiert. Genutzt hat es freilich nicht viel. Gleich zu Beginn des Spiels lief Uli Hoeneß seinem Gegenspieler Eduard Geyer zweimal davon und brachte die Bayern mit 2:0 in Führung. Das Spiel endete schließlich 3:3. Somit war Bayern nach dem 4:3 im Hinspiel eine Runde weiter.

Mit dieser seltsamen Begründung rechtfertigte Präsident Neudecker seine Entscheidung, das Bayern-Team in Hof und nicht in Dresden übernachten zu lassen: „Der Höhenunterschied zwischen München und Dresden könnte leistungshemmend sein, und vielleicht reichen zwei Tage nicht aus, um sich zu akklimatisieren."

Achtelfinale im Europapokal 1973/74: Bayern spielt in Dresden 3:3.

Bayern-Krise in der Bundesliga

Nur wenige Wochen nach dem Europapokalsieg durften sich sechs Münchner Spieler (Maier, Beckenbauer, Schwarzenbeck, Breitner, Hoeneß und Müller), die 1972 bereits den Europameister-Titel gewonnen hatten, nun auch „Weltmeister" nennen. Breitner und Müller steuerten zum 2:1-Sieg im WM-Finale gegen die starken Niederländer die Tore bei. Die Besten der Bayern hatten nun alles erreicht, was man als Fußballspieler gewinnen kann. Da war es eigentlich verständlich, dass ihre Leistungen in der nächsten Bundesligasaison nachließen. Es geschah dann, was in solchen Situationen meist geschieht: Es kam zu einem Trainerwechsel. Im Januar 1975 wurde Udo Lattek von Dettmar Cramer abgelöst. Er übernahm die Mannschaft auf einem für Bayern-Verhältnisse katastrophalen 14. Tabellenplatz. Doch auch Cramer gelang es nicht, die Bayern in der Bundesliga auf die Erfolgsspur zurückzuführen. Am Ende kam noch Rang zehn heraus. In den folgenden beiden Spielzeiten schafften es die Bayern ebenfalls nicht, an die Spitze zu gelangen. Aber es gab ja noch den Europapokal!

Nachdem der kleine Dettmar Cramer zweimal die Krone Europas geholt hatte, ließ er sich als Napoleon fotografieren.

Die Gegner in den Endspielen 1975 und 1976: Leeds United aus England und St. Etienne aus Frankreich.

Die Europapokal-Siege 1975 und 1976

Während die Bayern, mittlerweile verstärkt mit Karl-Heinz Rummenigge, in der Bundesliga im Mittelfeld herumdümpelten, kickten sie in Europa weiterhin erfolgreich. Im Wettbewerb 1974/75 schalteten sie den 1. FC Magdeburg, Ararat Eriwan und St. Etienne aus und trafen im Finale am 28. Mai 1975 in Paris auf Leeds United. Es war eines der hässlichsten Endspiele in der Geschichte des Europapokals. Die Engländer begingen ein Foul nach dem anderen. Uli Hoeneß wurde so schwer am Knie verletzt, dass er in den folgenden Jahren nie mehr zu alter Stärke zurückfand. Am Ende besiegten geduldig spielende Bayern die Treter aus Leeds durch Tore von Franz „Bulle" Roth und Gerd Müller mit 2:0. Die Bayern hatten damit ihren Titel verteidigt und durften, obwohl sie in der Bundesliga nur im Mittelfeld gelandet waren, als Titelverteidiger auch im Jahr darauf wieder am Europapokal der Landesmeister teilnehmen.

Feiern nach dem Finale gegen Leeds.

Maier und Hansen nach dem dritten Europapokalsieg 1976.

Im Wettbewerb 1975/76 hießen die Gegner Jeunesse Esch, Malmö FF, Benfica Lissabon sowie im Halbfinale Real Madrid. Während der Deutsche Meister Borussia Mönchengladbach im Viertelfinale gegen die Spanier aus Madrid ausgeschieden war, kamen die Bayern nach einem 1:1 im Hinspiel durch einen 2:0-Heimsieg weiter. Im Finale gab es ein knappes 1:0 gegen den französischen Vertreter St. Etienne, wieder einmal erzielt durch „Bulle" Roth. Auch wenn sie in der Bundesliga nicht toll spielten und ihre Siege im Europapokal knapp und nicht immer schön anzuschauen waren – die Bayern durften sich nach drei Europapokal-Siegen in Folge nun mit Recht als das beste europäische Team betrachten.

Ende einer Glanzzeit

Der Niedergang der großen Bayern-Mannschaft lässt sich an einigen Ergebnissen der Saison 1976/77 ablesen. Am 6. Spieltag lagen die Bayern in Bochum mit 0:4 zurück. Aber sie hatten die Kraft, sich gegen die Niederlage zu stemmen. Innerhalb von 20 Minuten schossen sie fünf Tore! Endstand 6:5 für Bayern. Dann aber folgten schlimme Niederlagen. 9. Spieltag: Bayern München – Schalke 04 0:7. 28. Spieltag: Hamburger SV – Bayern München 5:0. 30. Spieltag: 1. FC Saarbrücken – Bayern München 6:1. Immerhin beendeten die Bayern diese Saison der schlimmen Niederlagen noch auf dem siebten Platz. Aber die Mannschaft brach auseinander. Nach dieser Saison verabschiedete sich Franz Beckenbauer und ging in die USA. Ohne ihren überragenden Kapitän verlor die Mannschaft noch häufiger. In der Saison 1977/78 musste Trainer Dettmar Cramer nach sechs Niederlagen in Folge gehen. Sein Nachfolger Gyula Lorant konnte zwar den Abstieg verhindern, aber mit dem zwölften Platz, den die Bayern am Ende in der Bundesliga einnahmen, war natürlich trotzdem niemand zufrieden.

Weltpokal
Der Weltpokal wird zwischen dem jeweils Besten aus Europa und Südamerika ausgespielt und ist ein nicht ganz so wichtiger Titel. Die Bayern freuten sich trotzdem, als sie ihn 1976 in zwei Spielen (2:0, 0:0) gegen den brasilianischen Verein Belo Horizonte erstmals gewinnen konnten.

Franz Beckenbauer spielte 1977 zum letzten Mal für die Bayern.

DIE BESTEN DER BAYERN

DIE STARS DER 1970er JAHRE (1)

Libero
Früher hieß der letzte Mann in der Abwehrkette „Ausputzer". Er verließ seine Abwehrposition nie und hatte die Aufgabe, gefährliche Situationen durch Wegschlagen des Balles zu bereinigen. An seine Stelle trat mit Franz Beckenbauer der freie Mann, der Libero. Anders als der Ausputzer erfüllte er nicht nur Abwehraufgaben, sondern schaltete sich bei Ballbesitz spielgestaltend in den Angriff ein.

Die aus den drei Weltklasse-Spielern Maier – Beckenbauer – Müller (Torwart, Libero, Mittelstürmer) bestehende zentrale Achse war der Erfolgsgarant des großen Bayern-Teams, das Mitte der 1970er Jahre den Fußball in Europa beherrschte.

Franz Beckenbauer kam 1964 als 13-Jähriger zu den Bayern. Der Junge aus Giesing galt anfangs als Stürmer, wurde dann aber im Defensivbereich eingesetzt. In den zwölf Jahren beim FC Bayern gewann Beckenbauer jeden Titel, den ein Fußballer erringen kann. Wegen seiner ausgezeichneten Balltechnik sah er immer elegant aus und erweckte den Eindruck, dass er sich auf dem Platz nie anstrengen müsse. Deshalb wurde er bald ehrfürchtig „Kaiser" genannt. Manche wollten aber lieber Kampf und Schweiß sehen und kritisierten ihn gerade wegen dieser lässigen und manchmal überheblich wirkenden Spielweise. Der Erfolg sprach freilich immer für ihn. Beckenbauer war der erste Fußballer in Deutschland, der mehr als 100 Länderspiele erreichte. Im Mai 1977 wechselte er für viel Geld zu Cosmos New York, wo er unter anderem mit Pelé kickte, dem großen Star Brasiliens. 1980 hatte er beim Hamburger SV ein kurzes Comeback in der Bundesliga. Nach seiner Spielerkarriere war er auch als Trainer mit der Nationalmannschaft (WM-Titel 1990), Olympique Marseille und dem FC Bayern erfolgreich. Der Ex-Präsident des FC Bayern (1994 – 2009) ist heute auf der ganzen Welt so berühmt wie kein anderer Deutscher und gilt als einer der besten Fußballer aller Zeiten.

Ursprünglich hatte der vom TSV Haar gekommene **Sepp Maier** Schauspieler werden wollen, dann aber machte er ab 1962 das Bayern-Tor zu seiner Bühne. Maier galt als sehr geschmeidiger Torhüter und wurde nach seinem Heimatort als „Katze von Anzing" bezeichnet. Der Torwart, der sich oft noch eine halbe Stunde vor Spielbeginn am Stadionkiosk eine Leberkäs-Semmel gönnte, war nicht nur ein super Ballfänger, sondern auch ein Clown, der ständig Witze machte. 17 Jahre lang hütete er den Kasten des FC Bayern, bei vier Weltmeisterschaften stand er im Tor der Nationalelf. Sein Traum von einer fünften

Franz Beckenbauer 1972

Sepp Maier jagte nicht nur Bälle und Enten, sondern gelegentlich auch Luftballons.

WM-Teilnahme wurde am 14. Juli 1979 durch einen schweren Autounfall zerstört, der das Ende seiner Karriere bedeutete. Maier eröffnete ein Tenniszentrum in Anzing, daneben war er als Torwarttrainer der Nationalmannschaft und des FC Bayern tätig.

Als **Gerd Müller**, der Torjäger des TSV Nördlingen, 1964 nach München kam, war Trainer Tschik Cajkovski nicht begeistert. „Was soll ich mit einem Gewichtheber?", fragte er. Dann aber erkannte er die Qualitäten des „kleinen Dicken" doch noch. Bereits in der Aufstiegssaison 1964/65 schoss Müller in 26 Spielen 32 Tore. Danach errang er in der Bundesliga bis zur Saison 1977/78 siebenmal die Torjägerkanone. Müllers Reaktionsschnelligkeit vor dem Tor war so einmalig, dass die Journalisten für seine Art des Toreschießens das Wort „müllern" erfanden. Insgesamt bestritt Müller bis 1979 für den FC Bayern 585 Pflichtspiele, in denen er 533 Tore erzielte. Seine Bilanz in der Nationalmannschaft wird mit Sicherheit für alle Ewigkeiten unübertroffen sein: 68 Tore schaffte er als „Bomber der Nation" in nur 62 Spielen! Er beendete seine Karriere in den USA bei den Fort Lauderdale Strikers. Seit 1992 ist der beste Torjäger aller Zeiten bei den Bayern im Nachwuchs- und Amateurbereich tätig.

Ente
Manchmal fing Sepp Maier keine Bälle, sondern jagte andere Flugobjekte wie Luftballons oder Enten. Im Mai 1976 watschelte eine Ente während des Bundesligaspiels der Bayern gegen den VfL Bochum durch den Strafraum der Münchner. Sepp Maier pirschte sich heran, hechtete akrobatisch – aber die Ente war nicht zu halten.

Gerd Müller in Aktion

DIE BESTEN DER BAYERN

DIE STARS DER 1970er JAHRE (2)

Franz Roth, ein Bauernsohn aus dem Allgäu, hatte Kraft wie ein Stier. Deswegen nannten ihn seine Mitspieler „Bulle". Wenn der mächtige „Bulle", der vor dem Spiel schon mal einen Braten verdrückte oder einen Erdbeerkuchen, auf seine Gegner zurannte, war er kaum aufzuhalten. 12 Jahre lang kickte Roth im Mittelfeld der Bayern und war dabei enorm torgefährlich, besonders im Europapokal. Im Pokalsieger-Endspiel 1967 gegen Glasgow Rangers sowie in den Landesmeister-Endspielen 1975 (Leeds) und 1976 (St. Etienne) erzielte er die entscheidenden Treffer. 1977 musste Roth nach zwei Rissen der Achillessehne seine Karriere beenden.

Uli Hoeneß

Der kantige Innenverteidiger **Georg „Katsche" Schwarzenbeck** ist als „Helfer" von Franz Beckenbauer bekannt geworden. Wenn der Libero nach vorne ging, dann sicherte ihn der immer zuverlässige „Katsche" nach hinten ab. Besonders viel Dank erntete der meist recht ungelenk wirkende Vorstopper dafür nicht: Er sei nur der „dritte Fuß vom Franz", witzelten Journalisten. Bei seinen Gegnern, die ihn „Frankenstein" nannten, war er allerdings wegen seiner harten Spielweise gefürchtet.

Wie wertvoll er war, bewies Schwarzenbeck nicht nur bei den Bayern, sondern auch in der Nationalmannschaft. Von seinen 44 Länderspielen gingen nur fünf verloren. 1980 musste „Katsche" seine Karriere wegen eines Achillessehnenrisses beenden. Im zweiten Beruf

Georg Schwarzenbeck

Franz Roth

wurde er Betreiber eines Schreibwarengeschäfts und belieferte fortan die Geschäftsstelle des FC Bayern mit Bürobedarf.

Während seiner ersten Bayern-Ära (1970-74) machte der Linksverteidiger **Paul Breitner** nicht nur sportlich auf sich aufmerksam, sondern auch mit seinem Afrolook sowie durch kritische und freche Äußerungen. 1974 wechselte der grimmige Rebell und Nörgler für eine Ablöse von 2 Mio. DM zu Real Madrid. Dort wurde er bis 1977 zweimal spanischer Meister und einmal Pokalsieger. Nach seiner Rückkehr in die Bundesliga spielte er zunächst ein Jahr in Braunschweig, um dann eine zweite Karriere als Spielmacher beim FC Bayern zu starten. Bis 1983 war er nun der absolute Chef der Mannschaft. Nach dem Ende seiner Fußballerkarriere betätigte er sich als Nachwuchstrainer sowie als Kommentator bei der *BILD*-Zeitung und im Fernsehen. Seit 2007 ist er als Berater beim FC Bayern tätig.

Uli Hoeneß, Sohn eines Ulmer Metzgers, fiel schon in jungen Jahren durch seine im Sprintertempo vorgetragenen Alleingänge auf. 1970 stieß der Jugend-Nationalspieler zusammen mit Paul Breitner und Trainer Udo Lattek zum FC Bayern. Bald redeten alle über ihn: Nicht nur, weil er tolle Tore machte, sondern auch, weil er immer einen forschen und flotten Spruch auf den Lippen hatte. Die Karriere von Hoeneß, der auch außerhalb des Fußballplatzes mit allerlei Geschäften viel Geld verdiente, endete aufgrund einer Knieverletzung sehr früh. Nach einem letzten Versuch beim 1. FC Nürnberg (1978/79) musste er bereits als 27-Jähriger mit dem Fußball aufhören. Noch vor dem Ende dieser Saison startete er seine zweite Karriere als Manager des FC Bayern – und wurde damit so bekannt, dass man ihn als Fußballspieler schon beinahe vergessen hat.

An den großen Erfolgen der 1970er Jahre waren weitere Spieler beteiligt, die heute nicht mehr so bekannt sind: in der Abwehr der Däne Johnny Hansen und der unauffällige Udo Horsmann, im Mittelfeld die laufstarken Balltreiber Rainer Zobel, Bernd Dürnberger und Jupp Kapellmann, im Sturm der Schwede Conny Torstensson.

Paul Breitner

KRISEN, CHAOS UND TRIUMPHE

Der FC Bayern in den 1980er und 1990er Jahren

Deutscher Meister 1980, 1981, 1985, 1986, 1987, 1989, 1990, 1994, 1997, 1999

DFB-Pokalsieger 1982, 1984, 1986, 1998

Sieger im UEFA-Cup 1996

Zweiter im Europapokal der Landesmeister 1982, 1987, 1999

OPEL

In der Saison 1978/79 kam es in München zu einem Ereignis, das bis heute einmalig im deutschen Fußball ist: Die Spieler veranstalteten eine „Revolution" gegen die Vereinsführung. Uli Hoeneß war bereits vor dem strengen Trainer Lorant zum 1. FC Nürnberg geflüchtet, als dieser nach einer 1:7-Niederlage in Düsseldorf für die Entlassung reif war. Bayern-Präsident Wilhelm Neudecker wollte Max Merkel, der wegen seiner Strenge gefürchtet war, zu dessen Nachfolger ernennen. Die Spieler um Kapitän Sepp Maier und den wieder nach München zurückgekehrten Paul Breitner wollten aber lieber mit dem Assistenztrainer Pal Csernai arbeiten. Als der Präsident merkte, dass er seinen Willen nicht durchsetzen konnte, trat er zurück. Csernai wurde Cheftrainer.

„Breitnigge" und Dauererfolge

Der Ex-Profi Uli Hoeneß nahm nun als Manager die Bayern-Geschicke in die Hand. Auf dem Platz wurde Paul Breitner, der als letzter der „alten" Bayern-Spieler übriggeblieben war, zum Chef. Während Breitner das Spiel von hinten dirigierte, sorgte vorne der junge Torjäger Karl-Heinz Rummenigge für die Treffer. Die beiden harmonierten so gut, dass sie bald als unschlagbares Team („Breitnigge") galten. Und so holten die Bayern als „FC Breitnigge" schon bald weitere Titel nach München: Zweimal hintereinander, 1980 und 1981, wurden sie Deutscher Meister, und 1982 gewannen sie den Titel im DFB-Pokal. In der Saison 1983/84 kehrte Udo Lattek

Oben: Der strenge Trainer Max Merkel.
Rechts: Rummenigge und Breitner alias „Breitnigge".

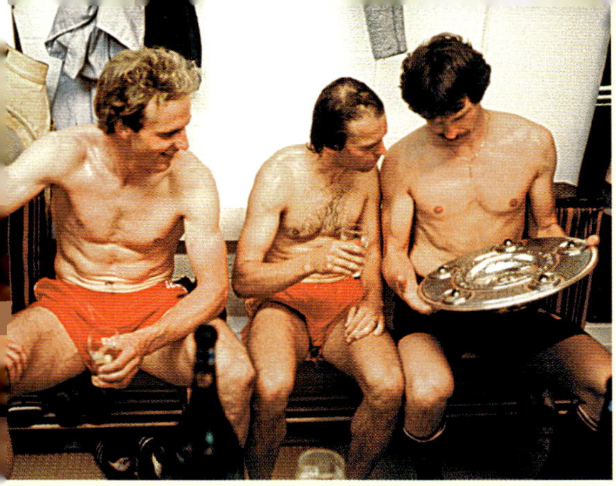

1981: Meisterfeier (links Karl-Heinz Rummenigge).

als Trainer zurück und löste Pal Csernai ab. Die Bayern heimsten in den nächsten Jahren wie selbstverständlich weitere Erfolge ein: Deutsche Meisterschaft 1985, 1986 und 1987, DFB-Pokalsieg 1984 und 1986. Schließlich beendete Breitner seine Karriere, und Rummenigge wechselte 1984 für die Rekordsumme von 11,4 Mio. DM zu Inter Mailand. Nun gaben Spieler wie Klaus Augenthaler, Sören Lerby, Lothar Matthäus und Uli Hoeneß' Bruder Dieter den Ton an. Acht nationale Titel in den 1980er Jahren (sechs in der Meisterschaft, zwei im Pokal) – das konnte sich sehen lassen.

Der ständige Rivale Werder Bremen

An die Stelle von Borussia Mönchengladbach trat in den 1980er Jahren Werder Bremen als Dauerrivale. Besonders heftig verlief die Saison 1985/86. In der Hinrunde hatte bei der 1:3-Niederlage der Bremer in München ein hartes Foul von Bayern-Abwehrchef Klaus Augenthaler am Werder-Stürmer Rudi Völler für Streit zwischen den beiden Vereinen gesorgt. In der Rückrunde kam es dann am 33. Spieltag fast zu einem Endspiel. Die Bremer hatten zwei Punkte Vorsprung, bei einem Sieg wären sie Meister gewesen. Das Spiel endete aber mit 0:0, da der Bremer Kutzop in der 89. Minute einen Strafstoß an den Pfosten setzte. Am letzten Spieltag gewann der FC Bayern gegen Gladbach mit 6:0, Werder unterlag in Stuttgart 1:2. Beide hatten nun die gleiche Punktzahl (49:19), aber die Bayern wurden aufgrund des besseren Torverhältnisses Meister (82:31 gegenüber 83:41).

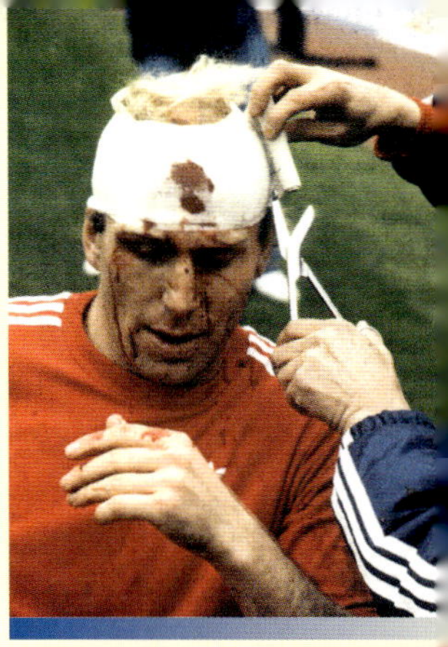

Turban
In der 13. Minute des DFB-Pokalendspiels 1982 gegen den 1. FC Nürnberg hatte sich Dieter Hoeneß bei einem Zusammenprall mit Club-Vorstopper Reinhardt eine stark blutende Platzwunde am Kopf zugezogen. Hoeneß musste verbunden werden und spielte mit einem „Turban" weiter. In der 89. Minute erzielte er mit dem Kopf (!) den letzten Treffer zum 4:2-Sieg der Bayern.

Der Bremer Kutzop verschießt den meisterschaftsentscheidenden Elfmeter gegen die Bayern.

Der Traum vom neuen Real Madrid

Als Uli Hoeneß 1979 sein Amt als Manager in München antrat, hatte er einen großen Traum: Er wollte „seine“ Bayern zu einem neuen Real Madrid machen. Die „Königlichen“ aus Madrid hatten den Ruf, der vornehmste, beste und reichste Verein in Europa zu sein. 1956 bis 1960 hatten die Spanier, die immer ganz in Weiß spielten, fünfmal hintereinander den Europapokal der Landesmeister gewonnen. So beherrschend war seitdem kein zweiter Verein mehr. Die Bayern, so dachte Hoeneß, sollten nun genauso erfolgreich werden, und die Fußballfans sollten von den Bayern schwärmen wie einst von Real. Aber der Erfolg im Europapokal war nicht so leicht zu haben wie der in der Bundesliga.

Die Abfuhr durch Aston Villa

Die erste Chance auf den höchsten Titel in Europa hatten die Bayern am 26. Mai 1982. In Rotterdam wartete das Team des englischen Meisters Aston Villa im Endspiel um den Europapokal der Landesmeister. Der FC Bayern hatte auf dem Weg dahin unter anderem die Meisterteams aus Rumänien und Bulgarien bezwungen. Aston Villa hatte keine Mannschaft, vor der man Angst haben musste, aber vielleicht hatten die Bayern gerade deswegen ihren Gegner unterschätzt. Die favorisierten Münchner mit Klaus Augenthaler, Paul Breitner, Dieter Hoeneß und Karl-Heinz Rummenigge waren mehr am Ball und hatten etliche Chancen. Das Spiel entschieden jedoch die Engländer aus Birmingham durch einen in der 67. Minute erfolgreich abgeschlossenen Konter mit 1:0 für sich.

Links: Die Supermannschaft von Real Madrid, die fünfmal hintereinander den Europapokal gewann (1956-1960), war das große Vorbild der Bayern. Rechts: 1982 nach der 0:1-Niederlage gegen Aston Villa: Dieter Hoeneß (hinten) und Paul Breitner können ihr Unglück gar nicht begreifen.

Die Pleite gegen den FC Porto

Fünf Jahre später gelang im Europapokal-Halbfinale ein überragender Sieg gegen das große Vorbild Real Madrid.

Als „Wiggerl" Kögl im Endspiel gegen Porto traf, konnten die Bayern noch hoffen.

In einem brutalen Spiel im Münchner Olympiastadion behielten überlegene Bayern mit 4:1 die Oberhand. Die Bayern überstanden auch den Real-Sturmlauf vor 103.000 Zuschauern in Madrid: Das Rückspiel ging lediglich mit 0:1 verloren. Die „Königlichen" waren geschlagen – was sollte jetzt noch passieren? Am 27. Mai 1987 fand in Wien schließlich das Endspiel gegen den FC Porto statt. Schon die Tage zuvor herrschte allerbeste Stimmung im Verein und bei den Fans. Man hatte die „Königlichen" übertrumpft – also sollte der Meister aus Portugal nun eigentlich kein großes Problem mehr sein. Alles schien dann auch nach Plan zu laufen. Der junge Flügelflitzer Ludwig „Wiggerl" Kögl, der ansonsten eigentlich kaum einmal ein Tor schoss, brachte die Bayern in der 25. Minute mit 1:0 in Führung. So blieb es bis zur Halbzeit. Doch dann kam die 78. Minute. Ein von Hans Pflügler abgefälschter Ball trudelte hinter dem Rücken von Portos algerischem Stürmer Rabah Madjer durch den Strafraum, woraufhin der den Ball einfach mit der Hacke des rechten Fußes ins Tor kickte. Alle Bayern, inklusive des Antreibers Lothar Matthäus, waren plötzlich so schockiert, dass sie kaum mehr etwas zustande brachten. So machte am Ende Porto das entscheidende Tor und gewann mit 2:1.

1987 nach der 1:2-Niederlage gegen den FC Porto: Norbert Nachtweih, Lothar Matthäus, Norbert Eder und Michael Rummenigge sind geschockt.

DIE BESTEN DER BAYERN

DIE STARS DER 1980er JAHRE

Eigentor des Monats

Am 10. August 1985 gastierten die Bayern bei Bayer 05 Uerdingen. Dabei bezwang Bayern-Verteidiger Helmut Winklhofer mit einem missglückten Pressschlag aus 35 Metern den zu weit vor seinem Tor stehenden Jean-Marie Pfaff. Das kuriose Eigentor wurde in der *Sportschau* zum „Tor des Monats" gewählt.

Der aus einer Artistenfamilie stammende Belgier **Jean-Marie Pfaff** hatte am 21. August 1982 einen schlechten Start im Bayern-Tor. Im Spiel gegen Werder Bremen wollte er einen Einwurf von Uwe Reinders fangen – und über seine Fingerspitzen hinweg landete der im Tor. Eigentlich hätte er den Ball durchlassen können, denn nach den Fußballregeln zählt ein direktes Einwurftor nicht. Trotz dieses Missgeschicks war Pfaff ein Weltklasse-Torwart und wurde Stammspieler. Später wurde er nach einem erbittert geführten Duell um die Nummer eins von dem Augsburger **Raimond Aumann** abgelöst. Wie sein Vorgänger war auch Aumann, der nach dem Dschungelbären „Balu" genannt wurde, bei den Fans sehr beliebt. Vielleicht wurde er deswegen später zum Leiter der Abteilung Fan- und Fanklubbetreuung beim FC Bayern ernannt.

Klaus Augenthaler

Ein Mann aus Fürstenzell, **Klaus Augenthaler**, war der Nachfolger Beckenbauers. Er wurde wegen seiner Kampf- und Schusskraft von allen Gegnern gefürchtet. Als „bayerisches Urviech" war er nach dem Weggang Paul Breitners der unumstrittene Anführer des FC Bayern. 15 Jahre lang hielt der Weltmeister von 1990 die Abwehr und die ganze Mannschaft zusammen. Nach Beendigung seiner Spielerkarriere wurde „Auge" zunächst Assistenztrainer beim FC Bayern, danach war er Cheftrainer bei verschiedenen Bundesligavereinen.

Hans Pflügler aus Freising, heute Leiter des Fanartikel-Verkaufs beim FC Bayern, erwies sich ab 1981 als stets zuverlässiger Abwehrspieler. Ebenfalls Stammspieler in der Bayern-Defensive war der aus der DDR geflohene **Norbert Nachtweih**.

1983 gelang es Manager Uli Hoeneß, den jahrelang umworbenen Mittelfeldstar **Sören Lerby** von Ajax Amsterdam zu verpflichten. Auf dem Rasen zeigte sich der Däne in drei Spielzeiten als verbissener Antreiber. Außerhalb des Spielfelds sorgte er aber immer für gute Laune. Von Oktober 1991 bis März 1992 versuchte sich Lerby beim FC Bayern als Cheftrainer, war aber in dieser Position überfordert.

Ganze 17.500 DM Ablöse kostete die Bayern der spätere Weltklassestürmer **Karl-Heinz Rummenigge**, der 1974 von Borussia Lippstadt kam. Zunächst war er sehr schüchtern (Spitzname: „Rotbäckchen") und traf das Tor nur selten. Den großen Durchbruch schaff-

te er in seinem sechsten Bundesligajahr (1979/80), als er 26 Treffer erzielte. Dass „Kalle“ auf einmal Tore schießen konnte, war das Ergebnis eines harten Spezialtrainings. 1984 wechselte er als dreifacher Bundesliga-Torschützenkönig für die damalige Rekordablösesumme von 11,4 Mio. DM zu Inter Mailand. 1991 wurde Rummenigge Vize-Präsident des FC Bayern, seit 2002 ist er hauptamtlicher Vorstandsvorsitzender der FC Bayern AG. Für Bruder Uli war **Dieter Hoeneß** der beste Einkauf seiner Manager-Karriere. Der jüngere der Gebrüder Hoeneß kam 1979 für die Ablöse von nur 175.000 DM vom VfB Stuttgart. Der „Lange“ wirkte immer etwas steif und unbeweglich, zeigte sich aber acht Jahre lang als wirkungsvoller und torgefährlicher Mittelstürmer (102 Tore). Später wurde er Manager beim VfB Stuttgart, Hertha BSC und VfL Wolfsburg. Für den FC Bayern noch erfolgreicher war **Roland Wohlfarth,** der 1984 vom MSV Duisburg gekommen war. Neun Jahre spielte er in München und erzielte dabei 119 Tore. Ein großer Star wurde er seltsamerweise trotzdem nie.

Der 1,71 Meter kleine **Ludwig „Wiggerl“ Kögl** kam 1984 vom Lokalrivalen 1860 zu den Bayern. Der quirlige Wirbelwind entwickelte zwar nie eine besondere Torgefahr, war aber bei den Fans wegen seiner Dribbelkünste sehr beliebt.

Dieter Hoeneß

Jean-Marie Pfaff

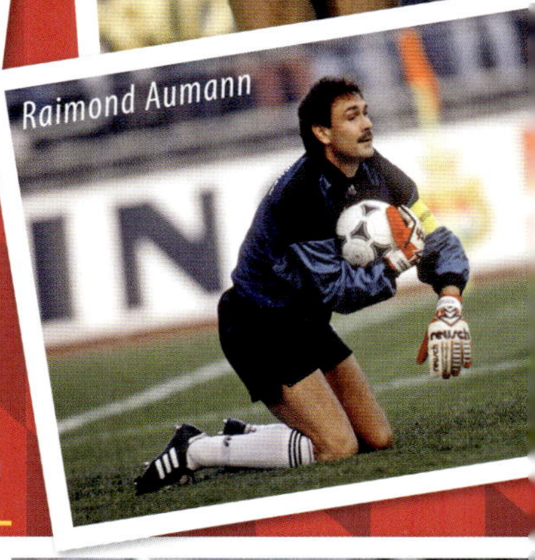
Raimond Aumann

Sören Lerby

Norbert Nachtweih

Hans Pflügler

Roland Wohlfarth

Ludwig Kögl

Karl-Heinz Rummenigge

Meisterbad 1990: Bald darauf kam Trainer Heynckes ins Schwimmen.

Die grosse Krise

Jupp Heynckes, seit 1987 der Nachfolger Udo Latteks auf der Trainerbank, wollte mit den Bayern nicht nur Erfolg haben, sondern auch tollen Angriffsfußball zeigen. Um die Qualität des Bayern-Spiels zu verbessern, wurden nun etliche Stürmer aus dem Ausland verpflichtet, die man als „internationale Stars" vorstellte. Spieler wie Mark Hughes (Wales), Johnny Ekström (Schweden), Radmilo Mihajlovic (aus dem damaligen Jugoslawien), Alan McInally (Schottland) und Mazinho (Brasilien) hielten aber nicht das, was man sich von ihnen versprochen hatte. Vor allem schossen sie zu wenig Tore. Mit Hilfe des altbewährten „Häuptlings" Klaus Augenthaler führte Heynckes die Mannschaft zwar 1989 und 1990 zur Deutschen Meisterschaft, aber nach „Auges" Karriereende folgte die Krise. 1991/92 stürzte ein führungslos gewordener FC Bayern dem Tabellenende entgegen. Heynckes, der sich bei den Spielern nicht mehr durchsetzen konnte, wurde entlassen, sein Nachfolger Lerby gab schon nach wenigen Wochen auf. Schließlich kam Erich Ribbeck, der die Saison immerhin noch auf einem 10. Platz beendete.

Otto Rehhagel trainierte mit Megafon. Das war laut – aber bei den Spielern konnte er sich trotzdem nicht durchsetzen.

Im UEFA-Pokal-Finale 1996 schlugen die Bayern Girondins Bordeaux aus Frankreich.

Der „Kaiser" und der „Cup der Verlierer"

Ruhe gab es auch in den folgenden Jahren nur selten in München. Die Trainer wechselten sehr häufig. Ob Erich Ribbeck, Giovanni Trapattoni oder Otto Rehhagel – alle standen sie ständig in der Kritik. Zweimal übernahm Franz Beckenbauer selbst das Kommando auf dem Trainingsplatz (1994 für Ribbeck, 1996 für Rehhagel), und beide Male war er tatsächlich erfolgreich: 1994 holte er die Deutsche Meisterschaft und 1996 den Titel im UEFA-Pokal. In den Endspielen schlugen die Bayern die französische Mannschaft Girondins Bordeaux mit 2:0 und 3:1. Es war der erste internationale Titel seit 20 Jahren, doch der „Kaiser" war nicht besonders zufrieden. Er hätte lieber in der Champions League gewonnen, dem Nachfolgewettbewerb des Europapokals der Landesmeister. Der UEFA-Pokal, meinte er verächtlich, sei doch der „Cup der Verlierer".

Der „FC Hollywood“

In den 1990er Jahren erfanden die Journalisten für den FC Bayern den Namen „FC Hollywood“. Gemeint war damit, dass in München die Show wichtiger geworden war als der Sport. Die Fußballspieler waren nun so etwas wie Popstars. Außerdem suchten die Journalisten von den Zeitungen und vom Fernsehen inzwischen nur noch reißerische „Storys“. Viele Spieler waren nur zu bereit, ihren Streit in der Öffentlichkeit auszutragen. Besonders schlimm ging es zwischen Lothar Matthäus und Jürgen Klinsmann zu, die sich überhaupt nicht leiden konnten. Jeder schimpfte über den anderen, und Franz Beckenbauer, der 1994 Präsident geworden war, änderte zur Verwirrung aller recht oft seine Meinung.

Für die größte Unruhe beim FC Bayern sorgte Spielmacher Lothar Matthäus. Er redete auch dann, wenn er besser geschwiegen hätte.

Immerhin blieben die Bayern trotz diesen Trubels erfolgreich. Der Italiener Giovanni Trapattoni schaffte in seiner zweiten Amtszeit in München (1996-98) eine Deutsche Meisterschaft und einen Pokalsieg.

Schlagzeilen aus den 1990er Jahren

4. August 1990, DFB-Pokal: Die Bayern verlieren beim Amateurverein FV 09 Weinheim mit 0:1.

25. April 1994, Bundesliga: Thomas Helmer erzielt im Spiel gegen den 1. FC Nürnberg ein Tor, das keines war (der Ball war nicht drin, wie der Schiedsrichter meinte, sondern ging am linken Pfosten vorbei über die Torauslinie). Wegen dieses „Phantomtors“ wird das Spiel wiederholt (5:0 für Bayern).

14. August 1994, DFB-Pokal: Die Bayern verlieren beim Amateurverein TSV Vestenbergsgreuth mit 0:1.

15. April 1995, Bundesliga: Die Bayern gewinnen gegen Eintracht Frankfurt mit 5:2, das Spiel wird aber als 0:2-Niederlage gewertet. Grund: Trainer Trapattoni hatte gegen die Regeln verstoßen, als er einen vierten Amateur aufs Feld schickte.

18. Mai 1996, Bundesliga: Beim Saisonfinale gegen Fortuna Düsseldorf (2:2) wechselt Bayern-Trainer Klaus Augenthaler zur Halbzeit versehentlich vier (!) Spieler ein. Erlaubt sind aber nur drei Auswechslungen. Die Düsseldorfer protestieren nicht, da das Ergebnis keine Bedeutung mehr hat.

10. Mai 1997, Bundesliga: Als er im Spiel gegen den damaligen Tabellenletzten SC Freiburg (0:0) nach 80 Minuten für den Vertragsamateur Lakies ausgewechselt wird, dreht Jürgen Klinsmann durch. Er beschimpft Trainer Giovanni Trapattoni und tritt wütend auf eine Werbetonne ein.

Der Tonnentritt des wütenden Jürgen Klinsmann.

Rotationsprinzip
Angesichts der vielen Spiele in der Bundesliga, im DFB-Pokal und in der Champions League führte Ottmar Hitzfeld bei den Bayern das Rotationsprinzip ein. Das bedeutet, dass alle Spieler, selbst die besten, mal auf die Ersatzbank müssen, um sich zu erholen. Der Trainer konnte den Spielern klarmachen, dass es sich dabei um eine sinnvolle Maßnahme und nicht um eine „Strafe" handelte. In früheren Zeiten hatte die „Verbannung" eines Stars auf die Bank häufig zu Streit geführt.

Beginn der Ära Ottmar Hitzfeld

Mit dem bedächtigen Ottmar Hitzfeld, der im Sommer 1998 Giovanni Trapattoni ablöste, kehrte endlich wieder Ruhe in München ein. Dem Erfolgstrainer von Borussia Dortmund (zweimal Deutscher Meister, einmal Champions-League-Sieger) gelang es, aus einem Kader von Starspielern ein schlagkräftiges Team zu formen, in dem jeder Spieler seine Stärken zeigen konnte. Der französische Weltklasse-Verteidiger Lizarazu und der brasilianische Stürmer Giovane Elber liefen zu Hochform auf. Die Mittelfeld-Asse Effenberg und Matthäus stritten sich nicht, sondern zogen gemeinsam an einem Strang. Hitzfeld verstand es, die Stars so zu führen, dass keine Unruhe aufkam. Das Tollhaus war unter Kontrolle, Erfolg war die logische Konsequenz: Die Bayern wurden 1999 mit deutlichem Vorsprung (15 Punkte!) vor Leverkusen Meister. Und auch in der Champions League gelangten sie erstmals seit deren Bestehen bis ins Finale.

Hitzfeld führte das Rotationsprinzip ein, bei dem auch mal Stars wie Mario Basler auf die Bank mussten.

1999 hieß der Gegner im Champions-League-Finale Manchester United.

Niederlage in letzter Sekunde

Das Champions-League-Endspiel gegen Manchester United fand am 26. Mai 1999 in Barcelona statt. Zunächst lief für die Bayern alles nach Plan. Der Kunstschütze Mario Basler zeigte, was er konnte: Er verwandelte bereits in der 6. Minute einen Freistoß zur 1:0-Führung. Anschließend kontrollierten die Bayern scheinbar mühelos Ball und Gegner. Niemand glaubte, dass noch etwas passieren könnte: Matthäus war bereits ausgewechselt und die reguläre Spielzeit schon vorbei. Doch dann drehten die Engländer urplötzlich das Spiel. Innerhalb weniger Sekunden trat Beckham zweimal einen Eckball. Die erste Vorlage verwandelte Sheringham, die zweite Solskjær. Die Bayern waren geschlagen! Alle hatten sich schon auf die Siegesfeier gefreut – nun waren sie alle am Boden zerstört. Und als wäre der Frust noch nicht groß genug, misslang kurz darauf auch noch der Griff nach dem DFB-Pokal. Im Finale gegen den alten Rivalen Werder Bremen stand es nach der Verlängerung 1:1. Dann scheiterten ausgerechnet die „Bayern-Leitwölfe" Effenberg und Matthäus im Elfmeterschießen.

Schwach wie Flasche leer

Am 10. März 1998 verlor Bayern-Trainer Giovanni Trapattoni auf einer Pressekonferenz die Beherrschung. Nach drei Niederlagen in Folge und heftiger Kritik der Spieler an seiner defensiven Taktik hatte er genug. Der „Maestro" (Meister) aus Italien schlug zurück: „Ein Trainer ist nicht ein Idiot! Ein Trainer sehen, was passieren in Platz. In diese Spiel es waren zwei, drei oder vier Spieler, die waren schwach wie Flasche leer!" Am Ende seiner Schimpferei sagte er kurz und knapp: „Ich habe fertig!"

Am Boden zerstört waren die Bayern-Spieler nach dem verlorenen Champions-League-Finale 1999.

DIE BESTEN DER BAYERN

DIE STARS DER 1990er JAHRE

Die schönsten Sprüche

Olaf Thon: „Wir lassen uns nicht nervös machen, und das geben wir auch nicht zu."

Giovanni Trapattoni über Thomas Strunz: „Struuunz! Was erlauben Strunz!"

Bayern-Schatzmeister Kurt Hegerich über den Tribünensitzer Thomas Berthold: „Der bestbezahlte Golfprofi nach Bernhard Langer."

Lothar Matthäus: „Wir sind eine gut intrigierte Truppe."

Noch mal Lothar Matthäus: „Ein Wort gab das andere – wir hatten uns nichts zu sagen."

Jürgen Klinsmann: „Der Rizzitelli und ich sind schon ein tolles Trio, ...äh Quartett."

Mario Basler: „Ob rechts oder links, wo ich auftauchte, war ich schlecht."

In den 1990er Jahren kamen und gingen in München so viele Spieler wie nie zuvor. Nicht alle von ihnen haben Leistungen gebracht, an die man sich erinnern müsste. Unvergessen sind vor allem zwei: Lothar Matthäus und Jürgen Klinsmann.

Lothar Matthäus aus dem fränkischen Herzogenaurach, wo die Firmen Adidas und Puma ihren Sitz haben, begann seine Karriere 1979 bei Borussia Mönchengladbach. 1984 wechselte er zum FC Bayern. Zwischen 1988 und 1992 kickte er für Inter Mailand, danach kehrte er als Weltmeister und Weltfußballer (1990, 1991) wieder nach München zurück. Matthäus überzeugte auf dem Platz als herausragender Ballverteiler. Abseits des Fußballplatzes machte er sich aber mit seiner Schwatzhaftigkeit bei vielen Mitspielern sehr unbeliebt. Der Rekordnationalspieler (150 Länderspiele) verließ den FC Bayern im Jahr 2000 im Alter von 39 Jahren. In seiner zweiten Karriere als Trainer wartet er bis jetzt noch auf die ganz großen Erfolge.

Der aus Schwaben stammende Nationalstürmer **Jürgen Klinsmann** begann seine Profikarriere beim damaligen Zweitligisten Stuttgarter Kickers und wechselte dann zum Lokalrivalen VfB Stuttgart. Anschließend kickte er erfolgreich für viele ausländische Vereine (Inter Mailand, AS Monaco, Tottenham Hotspurs), bevor er 1995 in München anheuerte. Auch dort blieb der immer lächelnde Weltmeister von 1990 erfolgreich. Mit 15 Toren (in 12 Spielen!) stellte er im UEFA-Pokal 1996 einen neuen europäischen Rekord auf. Trotzdem verließ er den Verein nach einem lang anhaltenden Streit mit Lothar Matthäus. Seit 1998 lebte er in den USA. 2008 kehrte er als Trainer nach Mün-

Lothar Matthäus

chen zurück. Er war dort aber nicht so erfolgreich wie zuvor als Teamchef der Nationalmannschaft (dritter Platz bei der WM 2006 in Deutschland).

Aber es sind auch noch viele weitere Spieler in guter Erinnerung. **Markus Babbel**, ein waschechter Bayer aus Gilching und später Trainer in Stuttgart, hielt sechs Jahre lang den Bayern-Strafraum sauber. Der Defensivspieler **Thomas Helmer**, 1992 für geschätzte 8 Mio. DM – damals Ligarekord – aus Dortmund geholt, löste Lothar Matthäus 1997 als Führungsspieler und Mannschaftskapitän ab. Der Mittelfeldspieler **Thomas Strunz** machte manchmal mit guten Leistungen und ansonsten mit blond gefärbten Haaren auf sich aufmerksam. Er kritisierte oft den Trainer Trapattoni, was dem aber gar nicht gefiel. Der gebürtige Berliner **Christian Ziege** kam 1990 als 17-Jähriger zum FC Bayern und überzeugte in vielen Spielen als dynamischer Außenbahnspieler. **Christian Nerlinger**, später vorrübergehend (2009 bis 2012) Bayern-Manager, war von 1993 bis 1998 ein fleißiger Mittelfeldspieler („Wasserträger"), der unermüdlich die Lücken schloss, wenn die Stars einmal den Ball verloren. Der ballgewandte **Olaf Thon**, der von Schalke kam, galt als einer der letzten Spieler, die das Fußballspielen auf der Straße gelernt haben. Und gern erinnern sich ältere Bayern-Fans auch an das immer freche und meist etwas faule Schussgenie „Super"-**Mario Basler**, das Eckbälle direkt verwandeln konnte.

Große Bayern-Stars wie Oliver Kahn, Stefan Effenberg, Mehmet Scholl und Giovane Elber haben ebenfalls in den 1990er Jahren ihre Karriere begonnen. Aber ihre ganz große Zeit sollte erst nach dem Jahr 2000 kommen.

Markus Babbel

Thomas Strunz

Christian Ziege

Thomas Helmer

Christian Nerlinger

Olaf Thon

Mario Basler

Jürgen Klinsmann

„FOREVER NUMBER ONE"

Der FC Bayern von 2000 bis heute

Deutscher Meister 2000, 2001, 2003, 2005, 2006, 2008, 2010, 2013, 2014

DFB-Pokalsieger 2000, 2003, 2005, 2006, 2008, 2010, 2013, 2014

Sieger in der Champions League 2001, 2013

Zweiter in der Champions League 2010, 2012

Weltpokalsieger 2001

Klub-Weltmeister 2013

WEMBLEY 2013
FINAL
CHAMPIONS LEAGUE

Die Bayern danken Unterhaching für die Schützenhilfe.

Knapp Deutscher Meister

Vor dem letzten Spieltag der Saison 1999/2000 sah es so aus, als ob Bayer Leverkusen das erste Mal Deutscher Meister werden würde. Schließlich hatten die Leverkusener drei Punkte Vorsprung auf die Münchner. Doch dann gab es für die Kicker von Bayer ein böses Erwachen in Unterhaching, einer kleinen Gemeinde im Landkreis München. Sie unterlagen bei der dortigen Spielvereinigung, damals ein Bundesligaverein, überraschend mit 0:2. Die Bayern hingegen besiegten Werder Bremen mit 3:1 und hatten damit aufgrund des besseren Torverhältnisses doch wieder die Nase vorne. Auch das Finale im DFB-Pokal, ebenfalls gegen Werder Bremen, entschieden sie für sich, diesmal mit 3:0.

Noch knapper Deutscher Meister

Es scheint beinahe unmöglich – doch die Entscheidung um die Deutsche Meisterschaft 2001 verlief noch enger. Da hatten die Bayern zwar einen Vorsprung von drei Punkten auf Schalke 04. Doch am letzten Spieltag lagen sie in der 90. Minute beim Hamburger SV mit 0:1 zurück, während Schalke, wo das Spiel bereits abgepfiffen war, mit 5:3 gegen Unterhaching gewonnen hatte. Dann aber gab es noch einmal Freistoß für die Bayern. Es würde die letzte Aktion des Spiels sein. Münchens Abwehrchef Patrick Andersson, ein Spieler mit einem extrem harten Schuss, lief an – und traf zum 1:1! Die Bayern hatten es wieder einmal geschafft und waren mit einem Punkt Vorsprung Meister vor den Schalkern. Der Jubel war unbeschreiblich. Torwart Oliver Kahn konnte sich kaum mehr beherrschen. Er schnappte sich eine Eckfahne und wedelte mit ihr wie ein Irrer herum.

Kahn mit Eckfahne nach der glücklichen Meisterschaft 2001.

Stolz präsentiert Kapitän Effenberg den Champions-League-Pokal, und Samuel Kuffour küsst den Weltpokal (unten).

Drei gehaltene Elfmeter

Nach der Meisterschaft – es war die dritte in Folge – konnten endlich auch wieder internationale Titel nach München geholt werden. In der Champions League gab es im Viertelfinale eine erfolgreiche Revanche gegen Manchester (1:0 und 2:1) und im Halbfinale einen Triumph über Real Madrid (1:0 und 2:1). Im Finale in Mailand wartete dann am 23. Mai 2001 mit dem spanischen Klub FC Valencia eine Aufgabe, die lösbar schien. Und tatsächlich: Die Bayern, angetrieben vom unbändigen Siegeswillen des Mittelfeldchefs Effenberg, gewannen! Die Spanier gingen durch einen Elfmeter in Führung, Effenberg glich durch Elfmeter zum 1:1 aus. Als dann bis zum Ende des Spiels keine weiteren Tore mehr fielen und die Verlängerung torlos blieb, musste das Elfmeterschießen entscheiden. Zwei Bayern-Spieler vergaben. Torwart Oliver Kahn aber wuchs über sich selbst hinaus und hielt drei Schüsse der Valencia-Spieler mit unfassbaren Paraden. 5:4 nach Elfmeterschießen – die Bayern waren die beste Mannschaft in Europa!

Gegner im Champions-League-Finale war der FC Valencia aus Spanien.

Die Aufstellung der Bayern im CL-Finale am 23. Mai 2001

Eingewechselt wurden Jancker (für Sagnol), Zickler (für Elber) und Sergio (für Scholl)

Weltpokalsieger

Nach dem lang ersehnten Triumph in der Champions League gewannen die Bayern am Ende des Jahres dann auch noch den Weltpokal durch ein 1:0 gegen den Südamerika-Sieger Boca Juniors Buenos Aires (Tor: Samuel Kuffour). Nun durften sie sich als bestes Fußballteam der Welt feiern lassen!

DIE BESTEN DER BAYERN
DIE CHAMPIONS VON 2001

Mehmet Scholl

Als er 1994 vom Karlsruher SC zum FC Bayern wechselte, war **Oliver Kahn** soeben zum besten Torhüter der Bundesliga gewählt worden. Der extrem ehrgeizige und trainingsfleißige Torwart war bald das „Gesicht" des FC Bayern. Niemand konnte so wütend sein wie er, wenn es mal nicht so gut lief, niemand konnte sich so wild freuen wie er, wenn ein toller Sieg errungen war. Bei der WM 2002 in Südkorea und Japan stieg er zum besten Torhüter der Welt auf. Umso bitterer war es für Kahn, dass er vier Jahre später bei der WM im eigenen Land seinem Konkurrenten Jens Lehmann Platz machen musste. Bei den Bayern-Fans war Kahn aber immer unumstritten. Während einer schwachen Bayern-Phase zeigten sie ein Plakat mit dem Spruch: „Außer Olli könnt ihr alle gehen."

Der Schwede **Patrick Andersson** war ein cooler Chef der Bayern-Abwehr. Unterstützt wurde er von **Samuel Kuffour**, einem schnellen und manchmal überharten Mann aus Ghana, sowie von dem meist unauffälligen, aber immer zuverlässigen **Thomas Linke**.

Der kleine Baske **Bixente Lizarazu**, 1998 Weltmeister mit Frankreich, war einer der besten Spieler auf der linken Außenbahn in der Geschichte des FC Bayern. Sein Partner auf der rechten Seite hieß lange Zeit **Willy Sagnol**, ebenfalls ein französischer Nationalspieler. Mit Sturmläufen entlang der Außenlinie spielte er sich in die Herzen der Fans, die ihn dabei mit dem Schlachtruf „Williiieee" anfeuerten. **Owen Hargreaves**, ein Kanadier mit britischem Pass, fing als 15-Jähriger in der Bayern-Jugend an. Im April 2001 hatte der sehr laufstarke Mittelfeldspieler seinen ersten Einsatz bei den Profis und war seitdem fast immer gesetzt. Im Mai 2007 wechselte er zu seinem Traumverein Manchester United.

Stefan Effenberg war nach einer nicht so glücklichen Zeit (1991-92) im Jahr 1998 zum FC Bayern zurückgekehrt und wurde nun der unumstrittene Herrscher im Mittelfeld und Häuptling der Mannschaft. Der „Cheffe" konnte seine Mitspieler antreiben wie kaum ein anderer – und gilt daher neben Oliver Kahn als der wichtigste Mann für den Erfolg von 2001.

Der als Mehmet Yüksel geborene **Mehmet Scholl** – seinen jetzigen Nachnamen übernahm er vom zweiten Ehemann seiner Mutter – kam wie Oliver Kahn aus Karlsruhe nach München. Er glänzte als feiner Techniker und tol-

Oliver Kahn

ler Freistoßschütze. Er war 15 Jahre in München und einer der beliebtesten Bayern-Spieler überhaupt. Oft wurde er von Verletzungen geplagt, hat aber nie aufgegeben. Heute hat er einen Job als Fußball-Experte im Fernsehen.

Der Brasilianer **Giovane Elber** kam zunächst als Mittelstürmer des VfB Stuttgart groß heraus und wechselte 1997 zum FC Bayern. Elber erwies sich stets als sehr ballgewandt, durchsetzungsfähig und enorm torgefährlich. Dabei war er kaum auszurechnen: Er erzielte seine Tore genauso mit dem rechten Fuß wie mit dem linken oder mit dem Kopf.

Der kampfstarke **Jens Jeremies** kam von den Münchner „Löwen" zu den Bayern. Auf „Jerry", den bissigen Abräumer vor der Abwehr, war immer Verlass. 2006 musste er seine Karriere wegen Knieproblemen beenden. Der Bosnier **Hasan Salihamidzic** mit dem Spitznamen „Brazzo" (zu Deutsch „Bürschlein") war zwar klein, wurde aber wegen seines Kampfgeistes von allen Gegnern gefürchtet.

Die Einwechselspieler

Der tolle Athlet **Alexander Zickler** war nie ein richtiger Torjäger, blieb aber 13 Jahre beim FC Bayern. Später wurde er Torschützenkönig in Österreich bei Red Bull Salzburg. Der in Mecklenburg-Vorpommern geborene bullige Stürmer **Carsten Jancker** (1,93 Meter, 92 Kilogramm, Schuhgröße 47) fiel durch seine Glatze auf – und durch seinen harten Einsatz. Der sehr religiöse Brasilianer **Paulo Sergio** war 1994 Weltmeister mit Brasilien und eine gute Verstärkung im Bayern-Sturm.

In den Spielen vor dem Champions-League-Finale leisteten auch noch etliche andere ihren Anteil zum Triumph. Etwa **Michael Tarnat**, der Mann mit dem knallharten Schuss (118 km/h) oder der fleißige Mittelfeldspieler **Thorsten Fink.**

Stefan Effenberg

Giovane Elber

Der Bayern-Kader 2001/02 (von links): Obere Reihe: Effenberg, Jancker, Santa Cruz, Sergio, Linke, di Salvo, Thiam, Hofmann, Tarnat, Zickler; mittlere Reihe: Physiotherapeuten Gebhardt, Hoffmann, Binder; Jeremies, Pizarro, Wojciechowski, R. Kovac, Sagnol Kuffour, Assistent Henke, Trainer Hitzfeld; untere Reihe: Fink, Scholl, Salihamidzic, N. Kovac, Wessels, Kahn, Dreher, Hargreaves, Lizarazu, Elber, Reha-Trainer Hauenstein

Neues Stadion
Am 14. Mai 2005 trugen die Bayern ihr letztes Heimspiel im Olympiastadion aus (6:3 gegen den 1. FC Nürnberg). Das Eröffnungsspiel der Saison 2005/2006 fand in der neuen Allianz Arena statt. Die Bayern gewannen gegen Borussia Mönchengladbach mit 3:0.

Neue „Doubles“

In den letzten drei Spielzeiten unter Ottmar Hitzfeld – der sechs Jahre ununterbrochen in München wirkte, so lange wie kein anderer Trainer vor ihm – wechselten sich Enttäuschungen und Erfolge ab. Dem glorreichen Jahr 2001 folgte zunächst ein titelloses Jahr 2002. Dann schaffte er mit neuen Spielern um den Mittelfeldstar Michael Ballack einen Umbruch. Im Jahr 2003 gelang erneut das „Double“, der Gewinn von Deutscher Meisterschaft und DFB-Pokal. Als es im Jahr darauf dann wieder etwas bergab ging, war die Zeit von Ottmar Hitzfeld als Bayern-Trainer abgelaufen. Sein Nachfolger wurde Felix Magath. Er führte die Bayern zweimal hintereinander zum „Double“ (2005 und 2006). Solch ein „doppeltes Double“ war bis dahin noch keinem Trainer und keinem Verein gelungen.

Michael Ballack, der neue Star am Bayern-Himmel.

Felix Magath (rechts) löste Ottmar Hitzfeld (links) als Trainer ab.

Kam 2003, spielte nicht immer schön, traf aber oft: der niederländische Torjäger Roy Makaay.

Weltpokalsiegerbesieger
Am 6. Februar 2002, nur wenige Wochen nach dem Sieg im Weltpokal, musste der FC Bayern beim Tabellenletzten FC St. Pauli in Hamburg antreten. Völlig überraschend gewannen die Außenseiter das Spiel im Stadion am Millerntor mit 2:1. Anschließend ließen sie witzige T-Shirts mit der Aufschrift „Weltpokalsiegerbesieger" anfertigen. Den Abstieg aber konnte St. Pauli trotz dieses Sieges nicht verhindern.

International mangelhaft

National, also in der Bundesliga und im DFB-Pokal, blieb der FC Bayern weiterhin unangefochten die Nummer eins. Auf internationaler Ebene aber konnten die Münchner keine Erfolge mehr einheimsen. Es half auch nichts, dass sie sich vorübergehend weiße Trikots zulegten, um dem großen Vorbild Real Madrid ähnlich zu werden.

Zwischen 2002 und 2007 kamen die Bayern trotz teurer Neuerwerbungen wie dem niederländischen Torjäger Roy Makaay in der Champions League über das Viertelfinale nicht mehr hinaus. Tiefpunkt war die Saison 2002/03, in der sie ganze zwei Unentschieden erreichten und bereits in der Vorrunde ausschieden. Zum Angstgegner wurde vor allem der AC Mailand, gegen den man gleich mehrmals ausschied. Vor allem der schmächtige Stürmer Filippo Inzaghi entwickelte sich zu einem Schreckgespenst: In fünf Spielen gegen den FC Bayern erzielte er sechs Treffer. Und als die Bayern dann 2007 in der Bundesliga lediglich Platz vier erreichten, durften sie erstmals seit 1995 nur im UEFA-Pokal antreten. Alle waren frustriert, vor allem Mark van Bommel; er sprach verächtlich vom „Fiat-Punto-Clio-Cup".

Superstars im Bayern-Trikot

Jahrzehntelang wollte Manager Uli Hoeneß keine superteuren Stars einkaufen. Er wollte strikt vermeiden, dass die Bayern so in Schulden versinken, wie das etwa dem Konkurrenten Borussia Dortmund passiert war. Da aber die Bayern in der Champions League nicht mehr unter die Besten kamen, kauften sie im Sommer 2007 für die Rekordsumme von insgesamt mehr als 80 Mio. Euro neue Spieler ein. Es kamen Stars wie der Torjäger Miroslav Klose von Werder Bremen, der italienische Weltmeister-Stürmer Luca Toni und der französische Dribbler Franck Ribéry. Allein für Ribéry, dem nun teuersten Bayern-Spieler aller Zeiten, gab man 25 Mio. Euro aus.

Neue Erfolge, alte Mängel

Ribéry, Toni und Kollegen spielten toll und erfolgreich. Die Bayern errangen 2008 ein weiteres „Double“: den Meistertitel Nummer 21 (bereits am 31. Spieltag perfekt gemacht) und den DFB-Pokal Nummer 14 (2:1 im Endspiel gegen Borussia Dortmund). International aber lief es wieder nicht so gut. Im UEFA-Pokal zeigte der FC Bayern zwar spannende Spiele, schied aber schließlich im Halbfinale mit einem bitteren 0:4 in Russland bei Zenit St. Petersburg aus.

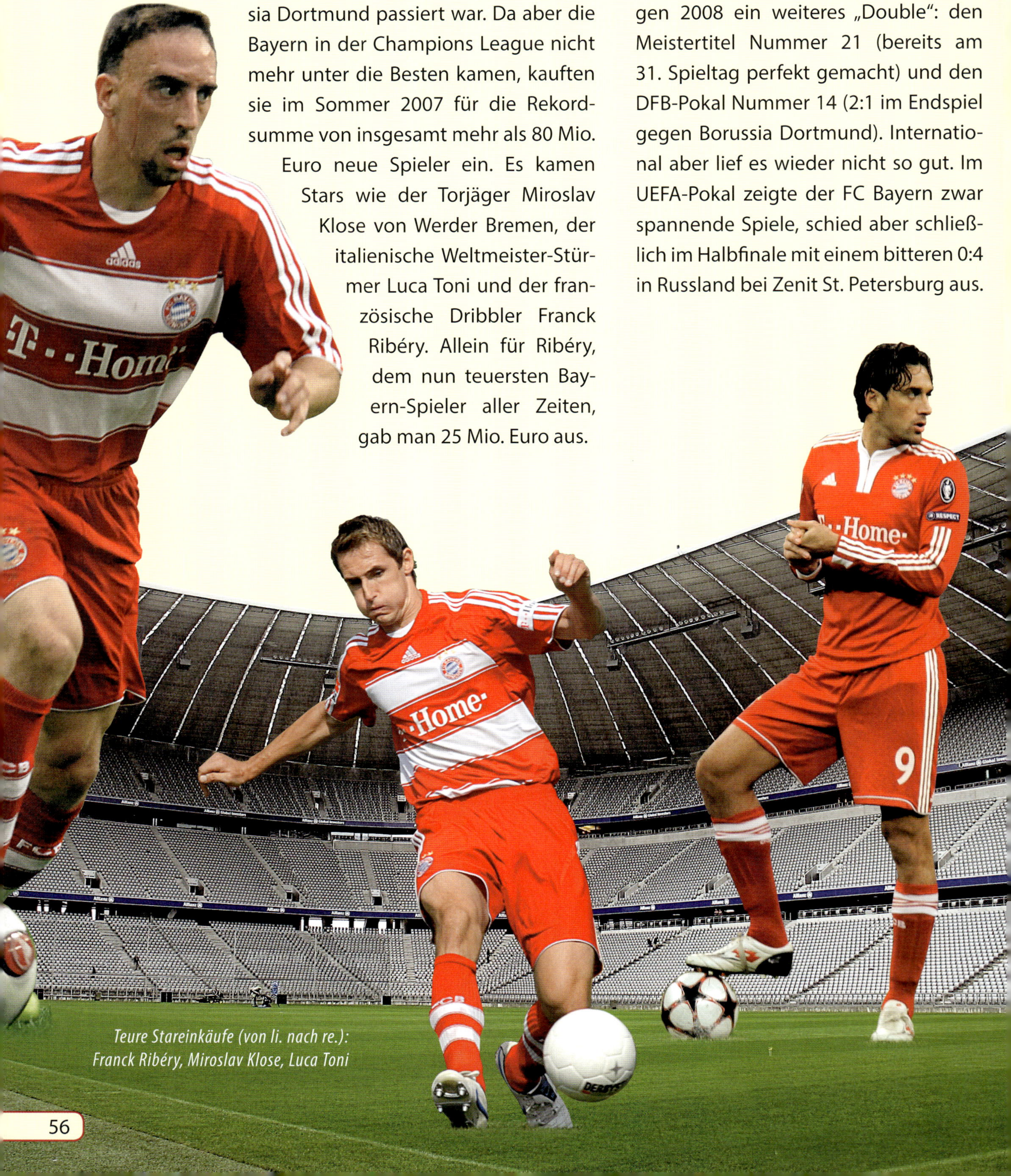

Teure Stareinkäufe (von li. nach re.): Franck Ribéry, Miroslav Klose, Luca Toni

Der Überraschungs-trainer

Zur Saison 2008/09 holten die Bayern keine neuen Superstars, sondern einen Trainerneuling: Jürgen Klinsmann. Der Weltmeister von 1990 und Ex-Bayern-spieler hatte als Teamchef die deutschen Nationalmannschaft bei der WM 2006 auf einen tollen dritten Platz geführt. Klinsmann wollte dafür sorgen, dass die Bayern einen zugleich erfolgreichen und schönen Fußball zeigten. Aber seine Mannschaft spielte nur selten schön. In der Bundesliga musste der FCB dem VfL Wolfsburg die Tabellenspitze überlassen, und im DFB-Pokal schied er gegen Leverkusen aus. Nur in der Champions League schien es gut zu laufen. Die Bayern schlossen ihre Vorrundengruppe als Tabellenführer ab. Im Achtelfinale fertigten sie dann Sporting Lissabon mit insgesamt 12:1 Toren ab. Dann aber spürten die Klinsmann-Schützlinge im Viertelfinale die Übermacht des FC Barcelona. Die Bayern hatten keine Chance und gingen mit 0:4 unter. Das Rückspiel endete 1:1 und war nur noch Formsache.

Arjen Robben (li.), Mario Gomez

Ein neuer Anlauf

Vor der Saison 2009/10 suchten sich die Bayern mit Louis van Gaal einen „alten Hasen" als Trainer aus. Der Niederländer, der bereits mit Ajax Amsterdam und dem FC Barcelona große Siege gefeiert hatte, sollte die Jagd auf Titel erfolgreicher gestalten als sein Vorgänger. Er bekam dafür zwei teure Stars. Der Stürmer Mario Gomez vom VfB Stuttgart kostete 35 Mio. Euro und war ein neuer Rekordeinkauf. 24 Mio. Euro kostete der kurz nach Saisonbeginn von Real Madrid verpflichtete Tempodribbler Arjen Robben. Er spielte gleich bei seinem ersten Einsatz so toll mit Ribéry zusammen, dass viele von einem neuen Traumduo „Robbéry" schwärmten. Aber neben teuren Stars vertraute van Gaal auch jungen Spielern aus der Bayern-Jugend. Der Stürmer Thomas Müller und der Innenverteidiger Holger Badstuber konnten sich Stammplätze im neuen Bayernteam erobern.

„Ich will jeden Spieler jeden Tag ein bisschen besser machen", hatte Jürgen Klinsmann bei seinem Amtsantritt als Bayern-Trainer verkündet. Zehn Monate später war kein einziger Spieler besser geworden, kaum einer so gut wie im Jahr zuvor – und Klinsmann musste seinen Job vorzeitig beenden.

Der eigenwillige Trainer Louis van Gaal.

DIE BESTEN DER BAYERN
DIE STARS 2001 - 2011

Mark van Bommel

Der Peruaner **Claudio Pizarro** erfüllte bereits in seiner ersten Saison 2001/02 die hohen Erwartungen (15 Tore in 30 Spielen). Er wurde aber dennoch kritisiert, weil er zu wenig in der Defensive arbeitete. Der gewitzte Stürmer ging sechs Jahre für Bayern auf Torejagd, kickte dann fünf Jahre in London und Bremen, um 2012 noch einmal nach München zurückzukehren. Der niederländische Stürmer **Roy Makaay** wechselte 2003 von Deportivo La Coruña zum FC Bayern. Er erwies sich als enorm treffsicher und erzielte bis 2007 in 129 Spielen 78 Tore. Er beteiligte sich wenig am Spiel, aber ein Gegenspieler jammerte frustriert: „Er ist eigentlich nie am Ball, doch wenn er ihn hat, dann ist es zu spät, dann hat er gerade getroffen." **Lukas Podolski** kam nach der WM 2006 als Held des 1. FC Köln zu den Bayern, wo schon sein Spezl Bastian Schweinsteiger spielte. Obwohl er in der Nationalmannschaft Stammspieler war, fühlte sich „Poldi" beim FC Bayern nie so richtig wohl. 2009 ging er wieder nach Köln zurück. **Miroslav Klose** will in der Nationalmannschaft den Torrekord von Gerd Müller übertreffen. Bei den Bayern lief es für den spiel- und kopfballstarken Stürmer, der schöne Tore mit einem Salto zu feiern pflegt, zwischen 2007 und 2011 nicht immer so rund. Mittelstürmer **Luca Toni**, 2006 mit Italien Weltmeister, wurde in seiner ersten Bayern-Saison 2007/08 Bundesliga-Torschützenkönig (24 Tore). Danach lief es nicht mehr so gut: Ende Dezember 2009 wechselte er zum AS Rom nach Italien.

Bereits in seiner ersten Saison 2002/03 erwies sich der spätere Nationalmannschafts-Kapitän **Michael Ballack,** der von Bayer Leverkusen gekommen war, als die erhoffte Verstärkung. Der groß gewachsene Mann galt als der torgefährlichste Mittelfeldspieler der Welt. Er machte in seinen vier Bayern-Jahren in fast jedem zweiten Spiel ein Tor –

Claudio Pizarro

:as Podolski

oft mit dem Kopf. Ebenfalls von Leverkusen wechselte der elegante Brasilianer **Zé Roberto** nach München, wo er insgesamt sechs Jahre blieb. Der Mann mit dem starken linken Fuß bezeichnete sein Ballgefühl als „Geschenk Gottes". Tatsächlich wirkte seine Kunst manchmal überirdisch. Der Mittelfeldspieler **Mark van Bommel**, Nationalspieler aus den Niederlanden, zeigte sich bis zu seinem Abschied im Januar 2011 fünf Jahre lang als Führungskraft auf dem Platz. Wenn es nötig war, konnte er auch hart dazwischengehen.

Der Argentinier **Martin Demichelis** bestritt in sieben Jahren (2003-2010) viele gute Spiele als Abwehrspezialist in der zentralen Defensive.

Lúcio

Der Brasilianer **Lúcio** begann seine Karriere als Stürmer, entwickelte sich dann aber zu einem der weltbesten Innenverteidiger. Er war für seinen unbedingten Siegeswillen gefürchtet. Man konnte sehen, dass er einmal Stürmer gewesen war, wenn er bei Angriffen bis in den Strafraum des Gegners mit nach vorne stürmte. Nach fünf Jahren als Bayern-Stammspieler wechselte er 2009 zu Inter Mailand. Ein bei den Fans sehr beliebter Stürmer war **Ivica Olic**. Der wuselige Kroate überzeugte stets mit unermüdlicher Kampfkraft. Er flitzte im Strafraum des Gegners umher wie ein aufgezogenes Spielzeugauto und lieferte vor allem im Europapokal manch begeisternde Vorstellung ab. Weil er dennoch nur unregelmäßig zum Einsatz kam, wechselte er im Sommer 2012 zum VfL Wolfsburg.

Links: Michael Ballack, rechts: Zé Roberto

Siege mit Kampfgeist, Können und Köpfchen

Die Mannschaft von Louis van Gaal benötigte längere Zeit, bis sie auf Touren kam. Der Trainer hatte klare Vorstellungen: Die Spieler sollten sich nach Plan auf dem Platz bewegen und mit sicherem, einstudiertem Passspiel Torchancen herausarbeiten. Da das zunächst noch nicht so richtig klappte, gab es zu Beginn der Saison einige bittere Niederlagen. Erst Ende November 2009 gelangen endlich wichtige Siege in der Bundesliga und in der Champions League. Die Bayern zeigten dabei auch in schwierigen Situationen einen unerschütterlichen Kampfgeist; und gegen Ende der Saison beherrschten sie das vom Trainer gewünschte „Positionsspiel" beinahe traumhaft. Die überragenden Spieler waren Bastian Schweinsteiger und Mark van Bommel, die das Spiel von hinten aufbauten, sowie Arjen Robben, Ivica Olic und Thomas Müller, die abwechselnd für die entscheidenden Tore sorgten.

Deutscher Meister 2010

Härtester Konkurrent in der Bundesliga war der vom ehemaligen Bayern-Trainer Felix Magath gecoachte FC Schalke 04. Richtungsweisend war der 29. Spieltag, als die Bayern in Gelsenkirchen mit 2:1 gewannen. Perfekt gemacht wurde die 22. Meisterschaft am 33. Spieltag, als die Schalker gegen Bremen 0:2 verloren und die Bayern in München mit drei Müller-Toren 3:1 gegen Bochum gewannen. Der Vorsprung von drei Punkten und 17 Toren war uneinholbar.

Erfolge 2010: Schweinsteiger feiert die Deutsche Meisterschaft, Robben (rechts oben) den DFB-Pokal.

Deutscher Pokalsieger 2010

Auf dem Weg ins Finale schlug der FC Bayern die SpVgg Neckarelz (3:1), Rot-Weiß Oberhausen (5:0), Eintracht Frankfurt (4:0), die SpVgg Greuther Fürth (6:2) und schließlich, im Halbfinale, den FC Schalke 04 (1:0. n.V.). Arjen Robben entschied dieses Spiel durch ein tolles Solo in der Verlängerung. Im Endspiel wurde es dann nicht mehr knapp. Robben, Olic, Ribéry und Schweinsteiger trafen für einen Super-FCB, der ein chancenloses Werder Bremen mit 4:0 vom Platz fegte.

Champions-League-Finale 2010

Zunächst sah es nicht sehr gut aus für den FC Bayern. In der Vorrunde sicherte erst ein tolles 4:1 gegen Juventus Turin das Weiterkommen. Auch danach kamen die Bayern noch mehrmals ins Wanken. Aber sie fielen nicht. Im Achtelfinale (2:1 und 2:3 gegen AC Florenz) und im Viertelfinale (2:1 und 2:3 gegen Manchester United) kamen sie jeweils nur deswegen weiter, weil sie ein Auswärtstor mehr geschossen hatten als der Gegner. Ganz knapp war es in Manchester, wo sie bereits mit 0:3 zurücklagen. Olic und Robben – mit einem perfekten Volleyschuss – erzielten die wichtigen Anschlusstreffer. Im Halbfinale gegen Olympique Lyon (1:0 und 3:0) zeigten die Bayern dann beinahe Fußball in Vollendung. Der überragende Spieler beim glänzenden 3:0 im Rückspiel war der dreifache Torschütze Ivica Olic.

Im Finale gegen die extrem abwehrstarke Mannschaft von Inter Mailand platzte dann leider der Traum vom Gewinn der Champions League. Die Bayern versuchten zwar wie gewohnt, ihren Gegner mit viel Ballbesitz auszuspielen, aber sie fanden kaum eine Lücke und kamen nur zu wenigen Chancen. Inter dagegen wartete ab und startete dann überfallartige Gegenangriffe. Zweimal hatten die Mailänder damit Erfolg, und so verloren die Bayern mit 0:2. Grund zum Feiern gab es aber trotzdem, denn schließlich hatte die Mannschaft eine tolle Saison gespielt.

Finalgegner 2010 war Inter Mailand.

Gruß an die Gattin: Nach jedem Tor küsst Olic seinen rechten Ringfinger.

2011 wurde Mario Gomez mit 28 Treffern Torschützenkönig. 2012 landete er mit 26 Treffern knapp hinter dem Schalker Huntelaar (29 Tore). Als er mit seinem kantigen Offensivspiel nicht mehr so richtig in das Passsystem der Bayern passte, landete er in der Saison 2012/13 immer häufiger auf der Ersatzbank und wechselte schließlich nach Italien zum AC Florenz.

„Koan Neuer"?
Obwohl der Nationaltorhüter Manuel Neuer seit der WM 2010 immer wieder seine überragende Klasse bewiesen hatte, war er bei einigen Bayern-Fans zunächst stark umstritten. Sie störten sich daran, dass er sich jahrelang als Schalke-Fan präsentiert hatte. Auf Plakaten verkündeten sie, dass sie keinen Neuer („koan Neuer") brauchten. Die Proteste wurden umso leiser, je besser der Weltklasse-Keeper seinen Job im Bayern-Tor verrichtete.

2011: Umbruch mit Heynckes

In der Saison 2010/11 lief es beim FC Bayern plötzlich nicht mehr rund. Die Mannschaft spielte nur noch selten schön und verlor häufig. In der Champions League gab es erneut eine Pleite gegen Inter Mailand, diesmal schon im Achtelfinale (1:0, 2:3). Im DFB-Pokal war das Halbfinale Endstation (0:1 gegen Schalke 04). Und auch in der Bundesliga waren die Leistungen nur mittelmäßig. Dazu stritt Trainer van Gaal ständig mit Präsident Uli Hoeneß und traf einige seltsame Entscheidungen. So bootete er ohne Not den bewährten Torwart Butt aus und ersetzte ihn durch den Nachwuchsmann Kraft. Schließlich wurde der Niederländer kurz vor dem Ende der Saison entlassen. Sein Assistent Andries Jonker führte das Team noch auf den 3. Platz. Für die neue Saison wurde mit Jupp Heynckes ein erfahrener Fußball-Lehrer verpflichtet. Der sah die dringlichste Aufgabe zunächst darin, die wackelige Bayern-Abwehr mit Hilfe von Neuzugängen wie dem Nationaltorwart Manuel Neuer und den Verteidigern Jerome Boateng und Rafinha zu stärken.

2012: Der Herbstmeister wird nur Zweiter

Zum Auftakt der Bundesliga-Saison 2011/12 setzte es gegen Borussia Mönchengladbach, dem Fast-Absteiger der Vorsaison, eine 0:1-Heimniederlage. Doch dann folgte eine Siegesserie. Zum Ende der Hinrunde standen Schweinsteiger & Co. mit drei Punkten Vorsprung an der Tabellenspitze. Das machte Hoffnung, denn 16-mal waren die Bayern bis dahin „Herbstmeister" geworden – und 14-mal hatten sie

Entsetzen pur: Arjen Robben nach seinem vergebenen Elfmeter gegen Dortmund. Nach der 0:1-Niederlage war das Meisterschaftsrennen entschieden.

Halbfinale im DFB-Pokal: Neuer hält den entscheidenden Elfmeter.

danach auch den Meistertitel gewonnen. In der Rückrunde kam es jedoch zu einigen bitteren Niederlagen. Die Dortmunder zogen vorbei und bauten ihren Vorsprung auf sieben Punkte aus. Aber die Bayern konterten und legten erneut eine Siegesserie hin. Als sie am 30. Spieltag in Dortmund antreten mussten, betrug der Rückstand auf den Tabellenführer nur noch drei Punkte. Es war also praktisch ein Endspiel. Und es wurde ganz eng. Lewandowski brachte die Schwarzgelben mit einem Hackentreffer in Führung. Robben hatte die Chance zum Ausgleich per Elfmeter. Doch er vergab und versiebte kurz vor Schluss auch noch eine weitere Riesenchance. Diese unglückliche 0:1-Niederlage und ein anschließendes 0:0 im Heimspiel gegen Mainz machten alle Chancen auf die Meisterschaft zunichte. Zum zehnten Mal in ihrer Vereinsgeschichte wurden die Bayern in der Bundesliga Zweiter.

12. Mai 2012: Pokal-Schock in Berlin

Fast genau einen Monat nach der bitteren Niederlage in Dortmund hatten die Bayern gegen denselben Gegner die Chance zur Revanche. Und wieder ging es, diesmal im DFB-Pokal, um einen Titel. Im Halbfinale hatten sich die Heynckes-Schützlinge gegen Borussia Mönchengladbach nach einem torlosen Spiel knapp im Elfmeterschießen mit 4:2 durchgesetzt. Im Finale wollten sie nun, nach insgesamt vier Niederlagen in Folge, endlich mal wieder gegen den BVB gewinnen. Doch es sollte nicht gelingen. Bereits in der 3. Minute nutzte der Japaner Kagawa eine Unaufmerksamkeit in der Bayern-Abwehr zur Führung für die Schwarzgelben. Arjen Robben brachte die Roten durch einen verwandelten Foulelfmeter wieder heran. Die Bayern bemühten sich, aber die Tore fielen erneut auf der anderen Seite. Hummels verwandelte einen Elfmeter und Lewandowski eine Kagawa-Vorlage – zur Halbzeit stand es 1:3. In der zweiten Hälfte schoss Lewandowski noch zwei Tore, für den FCB traf nur Franck Ribéry, am Ende hieß es 2:5. Es war eine extrem bittere, durch viele Abwehrfehler verursachte Niederlage.

Play-offs gegen Zürich
Zur direkten Teilnahme an der Champions League waren 2011 nur der Meister und der Vizemeister der Bundesliga berechtigt. Die drittplatzierten Bayern mussten erst noch durch die Qualifikation. In zwei Entscheidungsspielen, den sogenannten Play-offs, ging es gegen den Vizemeister der Schweiz, den FC Zürich. Mit zwei Siegen (2:0 und 1:0) lösten die Bayern die Aufgabe locker.

Enttäuscht: Bastian Schweinsteiger im DFB-Pokalfinale.

Riesenjubel nach Schweinsteigers verwandeltem Elfmeter! Der FC Bayern steht im Champions-League-Finale 2012.

Bestia Negra
Der FC Bayern ist für Real Madrid eine „bestia negra", eine schwarze Bestie. So nennen die Spanier einen Angstgegner. Von 20 Europapokal-Spielen gegen die „Königlichen" gewannen die Bayern elf, nur sieben gingen verloren. Rechnet man das 3:1 im Elfmeterschießen von 2012 als Sieg (das Spiel selbst endete ja mit einer 1:2-Niederlage), dann sind es sogar 12:6 Siege. Gegen kaum einen anderen Verein tut sich der Rekord-Europapokalsieger aus Madrid (neun Titel!) so schwer.

2012: Der Weg ins „Finale dahoam"

Für den FC Bayern blieb in der verflixten Saison 2011/12 noch eine große Hoffnung: die Champions League, deren Finale diesmal in der Münchner Allianz Arena angesetzt war. Klar, dass die Bayern unbedingt ins Heim-Endspiel, ins „Finale dahoam" wollten. Sie triumphierten ziemlich locker über die starken Vorrunden-Gegner FC Villarreal, Manchester City und SSC Neapel. In der K.-o.-Runde schalteten sie den FC Basel und Olympique Marseille aus. Im Halbfinale gegen die „Königlichen" von Real Madrid, die mit Superstar Cristiano Ronaldo und den beiden deutschen Nationalspielern Mesut Özil und Sami Khedira antraten, wurde es schließlich richtig spannend.

In der 17. Minute des Hinspiels in der Allianz Arena drosch Ribéry einen abgeprallten Ball zum 1:0 ins Netz. In der 53. Minute schloss Özil einen Konter der „Königlichen" zum 1:1-Ausgleich ab. Trotz starker Überlegenheit gelang den Bayern erst in der allerletzten Minute durch Gomez das 2:1. Beim Rückspiel im Hexenkessel des Bernabéu-Stadions von Madrid wurden die Bayern von Anfang an enorm unter Druck gesetzt. Nach nur 14 Minuten lagen sie durch zwei Ronaldo-Tore mit 0:2 hinten. Doch sie ließen sich nicht unterkriegen und schafften durch einen Robben-Strafstoß den Anschluss zum 1:2. Da die Verlängerung torlos blieb, musste das Elfmeterschießen entscheiden. Nachdem zwei Bayern und drei Madrilenen verschossen hatten, wurde Bastian Schweinsteiger zum Helden: Nervenstark verwandelte er den fünften und entscheidenden Elfmeter. Bayern München stand im Endspiel von München!

19. Mai 2012: Die schlimmste Heimniederlage

Im eigenen Stadion empfingen die Bayern den FC Chelsea, der zuvor die Supermannschaft des FC Barcelona besiegt hatte. Die Londoner waren ein unberechenbarer Gegner, doch die Gastgeber galten als klare Favoriten. Tatsächlich sah es so aus, als sei der Triumph in der Allianz Arena nur eine Frage der Geduld. Die Hausherren waren von Beginn an in allen Belangen überlegen und erarbeiteten sich gegen die extrem defensiven „Blues" zahlreiche Chancen. Ein Treffer wollte aber einfach nicht gelingen.

Thomas Müller jubelt nach dem späten 1:0 gegen Chelsea. Leider sollte es nicht reichen.

Didier Drogba jubelt: Der bereits 34 Jahre alte Stürmer von der Elfenbeinküste machte das Spiel seines Lebens und sicherte seinem Team den Sieg.

Erst in der 83. Minute gab es endlich die Erlösung. Nach einer Flanke von Toni Kroos köpfte Thomas Müller per Aufsetzer auf's Tor – über die Fäuste von Torwart Cech hinweg sprang der Ball an die Unterkante der Latte und von dort ins Netz. Es war eine mehr als verdiente Führung, und die Bayern sahen nun wie die sicheren Sieger aus.

Doch kurz darauf der Schock. Chelsea bekam seinen allerersten Eckball. Didier Drogba nahm Anlauf und köpfte wuchtig über Manuel Neuer hinweg ins Toreck zum 1:1. So kam es zur Verlängerung. Die Bayern versuchten noch einmal alles. Robben hatte die Entscheidung auf dem Fuß, doch er scheiterte bei einem Foulelfmeter. Am Ende hatten die drückend überlegenen Bayern 19:6 Torschüsse und 20:1 Ecken, aber eben nur einen Treffer in der Statistik.

Wie im Halbfinale musste erneut das Elfmeterschießen entscheiden. Es fing zunächst gut an. Manuel Neuer hielt einen Schuss, Lahm und Gomez trafen. Doch dann scheiterte Olic. Chelsea glich aus, Schweinsteiger schoss an Cech vorbei – aber an den Pfosten. Schließlich lief Drogba an und verwandelte sicher. 3:4, aus und vorbei! Es war die schlimmste Heimniederlage in der Geschichte des FC Bayern.

Nach dem Abpfiff waren die Bayern-Spieler verzweifelt. Aber schämen mussten sie sich nicht. Sie waren die klar bessere Mannschaft und hatten nur wegen unglaublichem Pech – und einem eiskalten Drogba – das Spiel verloren.

Stimmen zum „Drama dahoam“

„Wenn man so überlegen ist wie wir heute, muss man gewinnen.“
Philipp Lahm

„Wir können nicht sagen, alles ist in Ordnung, wenn wir dreimal Zweiter sind. Ich bin nicht derjenige, der das so hinnimmt.“
Präsident Uli Hoeneß

Ein seltenes Bild: Jerome Boateng erzielt einen Treffer. Sein Kopfball zum 3:2 gegen Fortuna Düsseldorf am 25. Spieltag bescherte den Bayern einen Sieg und einen Rekord: 20 Punkte Vorsprung in der Liga!

2012/13: Die stärksten Bayern aller Zeiten

Zur Jubiläumssaison 2012/13, der 50. der Bundesliga, verstärkten die Bayern einmal mehr ihren Kader. Für die neue Rekord-Ablöse von 40 Mio. Euro kam der Spanier Javi Martinez, ein Mittelfeld-Stratege der Extraklasse. Der Brasilianer Dante sollte die Innenverteidigung stärken. Angreifer Mario Mandzukic, der alte Bekannte Claudio Pizarro sowie der quirlige Xherdan Shaquiri waren als Alternativen für das Sturmzentrum bzw. für das offensive Flügelspiel gedacht. Die Neuzugänge erwiesen sich allesamt als Volltreffer. Sehr wichtig war darüber hinaus, dass Trainer Heynckes auch den Individualisten Ribéry und Robben das mannschaftsdienliche Spiel beibrachte. Beide zeigten wie bisher in offensiven Einzelaktionen ihre Stärken, arbeiteten jetzt aber auch fleißig in der Defensive mit. Die Anführer Schweinsteiger und Lahm kickten zuverlässig auf höchstem Niveau, ebenso die jüngeren Spieler wie Müller, Kroos, Boateng und Alaba. Torwart Neuer war wie gewohnt ein sicherer Rückhalt. Allerdings hatte er kaum etwas zu tun. Denn während vorne nach klugem und variablem Aufbauspiel oder nach schnellen und direkten Gegenstößen Tor um Tor fiel, arbeiteten die Bayern in der Defensive so konsequent, dass fast alle Gegner völlig hilflos waren.

Am 30. März 2013 gelang beim 9:2 gegen den HSV fast alles. Gelegenheitsstürmer Claudio Pizarro, vierfacher Torschütze, erzielt das 6:0 mit der Hacke.

Die Saison der Rekorde

Vom ersten Spieltag an legten die Bayern furios los. Acht Siege in den ersten acht Spielen bedeuteten einen neuen Bundesliga-Startrekord. Dreimal, gegen Stuttgart, Düsseldorf und Hannover, gewannen sie mit fünf Toren Vorsprung. Bald hatten sie weitere Rekorde aufgestellt: Bereits am 14. Spieltag standen sie als Herbstmeister fest; und als die Hinrunde beendet war, hatten sie erst ein einziges (!) Auswärts-Gegentor hinnehmen müssen.

In der Rückrunde ging es so weiter. Am 25. Spieltag, nach einem etwas mühevollen 3:2 gegen Fortuna Düsseldorf, hatten sie bereits 20 Punkte Vorsprung. Am 27. Spieltag hätte es beim 9:2 gegen einen chancenlosen HSV einen neuen Torrekord geben können. Und als sie sich am 28. Spieltag mit einem 1:0-Sieg in Frankfurt den Titel sicherten, hatten sie noch einen Rekord aufgestellt: So frühzeitig war die Meisterschaft noch nie zuvor entschieden worden! Zum Ende dieser grandiosen Saison waren die Bayern der Meister mit dem größten Vorsprung aller Zeiten (25 Punkte), den meisten Punkten (91), der besten Tordifferenz (+80) sowie den wenigsten Gegentoren (18). Und das sind nur einige der Rekorde, die sie auf dem Weg zu ihrem 23. Titel gebrochen hatten (siehe S. 7).

Meisterpyramide: Franck Ribéry, Torwart Tom Starke und Kapitän Philipp Lahm freuen sich über den 23. Meistertitel.

7:0-Triumph gegen Barcelona

In der Gruppenphase der Champions League belegten die Bayern Platz 1 vor dem FC Valencia. Im Achtelfinale hatten sie etwas Mühe gegen Arsenal London, als sie im Hinspiel ein 3:1 vorlegten und dann beim 0:2 zuhause einen schlechten Tag erwischten. Im Viertelfinale siegten sie gegen den italienischen Meister Juventus Turin enorm souverän zweimal mit 2:0. Nun ging es im Halbfinale gegen die Weltklassemannschaft des FC Barcelona mit Superstar Lionel Messi. Es wurde ein sagenhafter Triumph. Im Hinspiel in der Allianz Arena hatten die haushoch überlegenen Hausherren eine Chance nach der anderen. Thomas Müller erzielte in der 25. Minute per Kopf das 1:0. In der zweiten Hälfte erhöhten Gomez, Robben und erneut Müller auf 4:0. Das fantastische Bayern-Team hatte Barça mit Spiellust und Tempo, mit Willen und Ideen, mit Teamgeist und Athletik in Grund und Boden gespielt. Beim Rückspiel in Barcelona ließen die souveränen und cleveren Bayern nichts mehr anbrennen, sie demütigten ihren Gegner. Am Ende hieß es 3:0 für den FC Bayern. Das Gesamtergebnis gegen das bis dahin weltbeste Team lautete somit 7:0!

Halbfinal-Triumph in der Champions League: Soeben hat Thomas Müller seine überragende Leistung gegen Barcelona mit dem Treffer zum 4:0 gekrönt.

Manuel Neuer zeigte im Finale von Wembley einige Weltklasse-Paraden. Hier klärt er gegen den Borussen-Stürmer Robert Lewandowski.

25. Mai 2013: Champions in Wembley

Im Champions-League-Finale in London kam es erstmals zu einem deutsch-deutschen Gipfeltreffen. Der Gegner hieß Borussia Dortmund. Die Bayern galten als Favorit, denn der BVB hatte es nur mit etwas Glück gegen Malaga und Real Madrid ins Endspiel geschafft. Spannung war dennoch zu erwarten. Schließlich hatten die Roten gegen die Schwarzgelben in den letzten sieben Spielen fünf Niederlagen kassiert. Immerhin: Im Viertelfinale des DFB-Pokals am 27. Februar war es den Bayern gelungen, den Dauerrivalen durch einen Treffer von Arjen Robben nach langer Zeit endlich wieder einmal zu schlagen.

Im Wembley-Stadion wurde es erneut eng. Die Borussen legten los wie die Feuerwehr, Bayern-Keeper Manuel Neuer musste sein Team mit einigen Weltklasse-Paraden vor einem Rückstand bewahren. Doch dann fanden Schweinsteiger & Co. allmählich besser ins Spiel. Vor allem Arjen Robben hatte einige hervorragende Chancen, konnte den starken BVB-Keeper Weidenfeller aber nicht überwinden. In der zweiten Hälfte rissen die nun wesentlich aggressiveren und mit Tempo über die Flügel angreifenden Bayern das Spiel endgültig an sich. In der 60. Minute

Die Aufstellung der Bayern im CL-Finale am 25. Mai 2013

*90+1 Luiz Gustavo, **90+4 Gomez

Das Finale von Wembley: Nach erfolgreichem Dribbling spitzelt Robben den Ball mit seinem linken Fuß an BVB-Torwart Weidenfeller vorbei zum 2:1-Siegtreffer ins Netz.

erzielte Mandzukic nach Vorarbeit von Ribéry und Robben das 1:0. Kurz darauf dann der Schock, als der Schiedsrichter nach einem Foul von Dante an Reus Elfmeter für Dortmund pfiff und Gündogan zum 1:1 ausglich. Doch die Bayern blieben am Drücker. In der 89. Minute hatte schließlich Arjen Robben seinen großen Auftritt. Ribéry kam nach einem weiten Pass von Boateng an den Ball, behauptete ihn gegen die Abwehrspieler der Borussia und leitete ihn per Hacke an den durchgestarteten Robben weiter. Der tanzte Hummels und Subotic aus und vollstreckte überlegt zum 2:1. Dabei blieb es. Der FC Bayern war endlich wieder Champion von Europa und durfte den „Henkelpott" nach München mitnehmen!

Die Bayern am Ziel ihrer Träume: Sieger der Champions League 2013!

1. Juni 2013: Das erste Triple ist perfekt

In der Titelsammlung 2013 des FC Bayern fehlte jetzt nur noch der DFB-Pokal. Nach einem lockeren 6:1-Sieg im Halbfinale gegen den VfL Wolfsburg ging es im Finale von Berlin gegen den krassen Außenseiter VfB Stuttgart. Die Bayern taten sich zunächst jedoch schwer. Erst in der 37. Minute, als der Schiedsrichter nach einem Foul an Lahm auf Strafstoß entschieden hatte, sorgte Thomas Müller für die Führung. In der zweiten Halbzeit schraubte der diesmal von Beginn an eingesetzte Torjäger Mario Gomez das Ergebnis durch zwei Tore auf 3:0. Die Bayern sahen bereits wie die sicheren Sieger aus. Doch Stuttgart bäumte sich noch einmal auf und kam auf 3:2 heran. Zum Ausgleich reichte es jedoch nicht mehr. Und so konnte der FC Bayern seine überragende Saison mit dem dritten Titel krönen. Es war das erste Triple eines deutschen Vereins überhaupt!

Die besten Spüche

„Dieser Verein ist eine Maschine, du verlierst zwei Finals, und alle bleiben dran – et voilà, jetzt ist alles gut."
Franck Ribéry nach dem gewonnenen Finale von Wembley

„Jupp Heynckes hat Großartiges geleistet und eine grandiose Saison abgeliefert. Das Triple hat nicht einmal die großartige Mannschaft der 1970er Jahre geschafft."
Karl-Heinz Rummenigge nach dem Sieg im Finale des DFB-Pokals

Trainer Jupp Heynckes, der 68-jährige „Architekt" des historischen Triples, verabschiedet sich nach der erfolgreichsten Bayern-Saison aller Zeiten mit dem DFB-Pokal.

2013/14: Rekordmeisterschaft mit Pep

Klub-Weltmeister
Nachdem die Bayern bereits im August mit einem 5:4 im Elfmeterschießen gegen den FC Chelsea – den Sieger der Europa League – den europäischen Supercup gewonnen hatten, war am 21. Dezember 2013 bereits der nächste internationale Erfolg fällig. Mit einem 2:0 im Endspiel gegen Raja Casablanca holten sie in Marokko zum ersten Mal den Titel eines „Klub-Weltmeisters". Vorher hatten sie im Halbfinale den Asien-Champion, das chinesische Team von Guanghzou Evergrande, mit 3:0 ausgeschaltet.

Mit Pep Guardiola kam der wohl weltbeste Trainer vom FC Barcelona zum FC Bayern. Er stand nach dem Triple-Triumph der vorhergehenden Saison vor keiner leichten Aufgabe. Es schien nahezu unmöglich, diese Supermannschaft noch besser zu machen, selbst wenn sie mit den Edeltechnikern Mario Götze und Thiago Alcantara nochmals verstärkt wurde. Doch nach leichten Anlaufschwierigkeiten spielten die Bayern bald wie aus einem Guss.

Hatten die Bayern schon in der letzten Spielzeit die Bundesliga unangefochten dominiert, so wurde es 2013/14 bald richtig langweilig. Bereits am 25. März 2014, dem 27. Spieltag, gewann der FCB mit einem 3:1 in Berlin gegen Hertha BSC seine 24. Meisterschaft. Seinen Konkurrenten war er meilenweit enteilt: Bei 25 Punkten Vorsprung auf den Zweitplatzierten Borussia Dortmund konnte in den restlichen sieben Spielen nichts mehr anbrennen. Es war der am frühesten gewonnene Meistertitel aller Zeiten!

Alles sprach nun für einen erneuten Triple-Triumph. Im DFB-Pokal standen die Bayern bereits im Halbfinale. In der Champions League hatten sie überzeugend das Viertelfinale erreicht: Nach einer problemlosen Gruppenphase hatten sie im Achtelfinale Arsenal London mit 2:0 und 1:1 ausgeschaltet. Doch dann kam der April …

Ein bitterer April

Am 1. April begann die entscheidende Phase der Saison. Das Hinspiel im Viertelfinale der Champions League bei Manchester United endete 1:1. Im Rückspiel mussten die Bayern nach einem 0:1-Rückstand in der 57. Minute zum ersten Mal in dieser Spielzeit etwas zittern. Doch Mario Mandzukic, Thomas Müller und Arjen Robben sorgten binnen 19 Minuten noch für einen klaren Sieg.

25. März 2013: Nach einem 3:1 in Berlin gegen Hertha BSC können die Bayern bereits nach dem 27. Spieltag die früheste Meisterschaft aller Zeiten feiern. Weil es die richtige Schale erst später gibt, feiern Thiago, Boateng, Martinez, Alaba und Götze (von links) schon mal mit einer Plastik-Nachbildung.

Dass die Bayern dazwischen mit 0:1 beim FC Augsburg verloren hatten, war nicht dramatisch. Ärgerlich war allerdings die 0:3-Heimniederlage am nächsten Spieltag gegen Borussia Dortmund. Trotz eines anschließenden 5:1-Sieges gegen den Zweitligisten 1. FC Kaiserslautern im Halbfinale des DFB-Pokals schien es so, als wären die Bayern plötzlich außer Form geraten. Das bestätigte sich leider im Halbfinale der Champions League gegen Real Madrid.
Im Hinspiel in der spanischen Hauptstadt hatten sie zwar wie immer deutlich mehr Ballbesitz, aber sie verloren mit 0:1. Im Rückspiel am 29. April gab es dann statt der erwarteten Aufholjagd eine eiskalte Dusche. Bereits in der 34. Minute stand es nach zwei Kopfballtreffern von Sergio Ramos und einem Kontertor von Cristiano Ronaldo 0:3. Den Schlusspunkt zum bitterem 0:4-Endstand setzte erneut Ronaldo mit einem Freistoß in der 89. Minute, den er unter der hochspringenden Mauer hindurch verwandelte.

Franck Ribéry im Champions-League-Viertelfinale gegen Manchester United im April 2014. 2013 erhielt Ribéry folgende Auszeichnungen: Europas Fußballer des Jahres, Frankreichs Fußballer des Jahres, Mann des Jahres im deutschen Fußball. Außerdem wurde er hinter Ronaldo und Messi Dritter bei der Wahl des Weltfußballers 2013.

Zum 17. Mal Pokalsieger

Im 20. Pokalfinale des FC Bayern stand wieder einmal der Klassiker gegen Borussia Dortmund auf dem Programm. Thomas Müller hatte bereits in der 4. Minute das 1:0 auf dem Fuß, doch BVB-Keeper Weidenfeller konnte mit dem Kopf parieren. Danach entwickelte sich ein von vielen Zweikämpfen im Mittelfeld geprägtes Spiel. In der 64. Minute hatte der FCB Glück, als der Schiedsrichter bei einer Rettungsaktion von Dante den Ball nicht hinter der Linie sah. Das Spiel wurde schließlich in der Verlängerung entschieden. Arjen Robben vollstreckte in der 107. Minute cool zum 1:0. Der von Wadenkrämpfen geplagte Thomas Müller sorgte mit einer Energieleistung in der 120. Minute für den 2:0-Endstand und damit für den 17. Titel der Bayern im DFB-Pokal. Der Pokalgewinn bedeutete zugleich das zehnte Double der Vereinsgeschichte!

Die Guardiola-Taktik
Am 9. Spieltag, als die Bayern mit einem 4:1 gegen Mainz ihre Tabellenführung festigten, spielten sie in den 90 Minuten rekordverdächtige 817 Pässe. Das Geheimnis der neuen Bayern lag dabei nicht nur in den traumhaft sicher ablaufenden Ballstaffetten. Guardiolas Team war auch taktisch kaum mehr auszurechnen. Aus dem Kader von nahezu gleichwertigen Spitzenspielern komponierte der Trainer derart flexible Angriffsmelodien, dass die Gegner praktisch nicht mehr an den Ball kamen und sich in ihr Schicksal ergeben mussten.

Ausgelassener Jubel nach einem kräftezehrenden Pokalfinale.

DIE BESTEN DER BAYERN
DIE STARS VON HEUTE

Torhüter & Abwehr

Berühmt für seine weiten Abwürfe: Bayern-Keeper Manuel Neuer.

Seit 2011 steht mit dem Nationaltorhüter **Manuel Neuer (1)** einer der Weltbesten zwischen den Pfosten des FC Bayern. Der U21-Europameister von 2009 ist reaktionsschnell und fangsicher, er hat ein gutes Auge und wirkt immer souverän. Seine besondere Spezialität ist die extrem schnelle Spieleröffnung durch weite Abwürfe. Für seine überragenden Vorstellungen wurde er 2011 als deutscher „Fußballer des Jahres" ausgezeichnet. 2012 löste der ehemalige Hoffenheimer **Tom Starke (22)** den einstigen Nationalkeeper Hans-Jörg Butt, der seine Karriere beendete, als Nummer 2 des FC Bayern ab. Der erfahrene Ersatzmann bewies bei einigen Einsätzen in der Bundesliga und im DFB-Pokal seine Zuverlässigkeit. Als Lehrling steht zudem das junge Talent **Lukas Raeder (32)** unter Vertrag.

Der kleine Außenverteidiger **Philipp Lahm (21)** kam bereits als Zwölfjähriger vom Münchner Klub FT Gern zu den Bayern. Als Profi spielte er dann für einige Zeit in Stuttgart. Heute ist er als Kapitän der Nationalmannschaft und des FC Bayern einer der anerkanntesten deutschen Fußballer überhaupt. Lahm überzeugt nicht nur auf dem Platz mit Klasseleistungen. Er kann sich auch vor den Mikrofonen der Journalisten gut ausdrücken und hat auch schon ein Buch geschrieben.

Weil Lahm meist auf der linken Seite eingesetzt wurde, verpflichtete der FC Bayern 2011 den kleinen Brasilianer **Rafinha (13)** als Rechtsverteidiger. Obwohl er flink und stets „giftig" ist, konnte er sich keinen Stammplatz erobern. Inzwischen spielt Lahm meist auf rechts, da der junge **David Alaba (27)** als Linksverteidiger überzeugende Leistungen gezeigt hat. Der zum Außenverteidiger umgeschulte Mittelfeldspieler ist enorm laufstark und ballsicher. Außerdem harmoniert er perfekt mit dem vor ihm postierten Franck Ribéry. Alaba ist als Sohn einer Philippinin und eines Nigerianers in Wien aufgewachsen. 2009 wurde er im Alter von 17 Jahren der jüngste österreichische Nationalspieler aller Zeiten.

Eine weitere Alternative für die Außenverteidigerposition ist **Diego Contento (26)**. Er ist in der Bayern-Jugend groß geworden und überzeugt mit Zweikampfstärke. Der deutsche Nationalspieler **Jerome Boateng (17)** wurde 2011 für

David Alaba

Holger Badstuber und Jerome Boateng

Daniel van Buyten

eine Ablöse von 13,5 Mio. Euro verpflichtet. Der Sohn eines Ghanaers ist in Berlin aufgewachsen und hat seine Stärken in der Innenverteidigung.

Der eher kantige **Holger Badstuber** **(28)** ist seit 2009/10 im Abwehrzentrum des FC Bayern gesetzt. Im Verein wie in der Nationalmannschaft überzeugt der enorm zuverlässige Linksfüßer mit Bärenruhe, perfektem Stellungsspiel und punktgenauen Pässen im Spielaufbau. Der fast zwei Meter große **Daniel van Buyten** **(5)** war 2012/13 eigentlich nur als Ersatzmann vorgesehen, kam dann aber doch häufig zum Einsatz. An guten Tagen ist der Riese ein Innenverteidiger, an dem kein Gegner vorbeikommt. Außerdem ist er für einen Abwehrspieler äußerst torgefährlich, vor allem bei Eckstößen. Der Brasilianer **Dante** **(4)**, der in Mönchengladbach ein Publikumsliebling war, eroberte sich in München ab dem ersten Spieltag der Saison 2012/13 einen Stammplatz im Abwehrzentrum. Inzwischen ist der Mann mit dem auffälligen Afro-Wuschelkopf, der mit souveräner Ausstrahlung, Überblick und enormer Sicherheit im Kopfballspiel besticht, auch brasilianischer Nationalspieler. Der von Mainz 05 nach München gewechselte **Jan Kirchhoff** **(15)**, der aus der Bayern-Jugend hervorgegangene junge Österreicher **Ylli Sallahi** **(38)** sowie der von Eintracht Frankfurt verpflichtete **Sebastian Rode** ergänzen das Aufgebot des FC Bayern in der Abwehr und im defensiven Mittelfeld.

Dante

Kapitän Philipp Lahm überzeugt sowohl auf der linken wie auf der rechten Abwehrseite.

DIE BESTEN DER BAYERN
DIE STARS VON HEUTE

Dirigiert nicht nur die Defensive, sondern gibt auch Impulse nach vorn: Bastian Schweinsteiger.

MITTELFELD & ANGRIFF

Der im oberbayerischen Kolbermoor geborene **Bastian Schweinsteiger (31)** ist ein gewandter Ballverteiler und das Herz im Spiel der Bayern und auch in der Nationalmannschaft. Auf der Position des Sechsers vor der Abwehr dirigiert er die Defensive, als erster Passgeber bestimmt er die Aktionen in der Offensive. Der Ur-Bayer ist aber nicht nur der Taktgeber in allen Situationen, sondern auch emotionaler Anführer der Mannschaft.

Von den Qualitäten des defensiven Mittelfeldspielers **Javier Martinez (8)** war Trainer Jupp Heynckes so überzeugt, dass er ihn zu jedem Preis haben wollte. Im Sommer 2012 überwiesen die Bayern für ihn die Bundesliga-Rekordsumme von 40 Mio. Euro an Athletic Bilbao. Seitdem zeigt der lange und schlanke Spanier, dass er sein Geld wert ist: klug im Stellungsspiel, bissig im Zweikampf, überragend im Kopfball, sicher und flink im Spielaufbau. Ein Wunschspieler von Trainer Guardiola ist **Thiago Alcantara (6)**, der vom FC Barcelona zum FC Bayern wechselte. Der technisch brillante Mittelfeldspieler kennt das Guardiola-System sehr gut. Außerdem ist er sehr vielseitig und kann auf zahlreichen Positionen eingesetzt werden – vor der Abwehr, im zentralen Mittelfeld oder hinter den Spitzen. Bereits in seiner ersten Saison 2013/14 brachte er die Fans mit seinen tollen Leistungen zum Schwärmen.

Der talentierte Mittelfeldspieler **Pierre-Emile Højbjerg (34)** kam 2013 im Alter von 17 Jahren und 251 Tagen zu seinem

Javier Martinez

Technisch brillant: Thiago.

Die schönsten Sprüche

„Als Javi Martinez verpflichtet wurde, kannte den doch niemand. Franz Beckenbauer hat gedacht, das wäre 'ne Kaffeesorte."
Jupp Heynckes

„Die ersten zehn Minuten habe ich ein bisschen in die Hose geschissen."
Pierre-Emile Højbjerg über seinen ersten Einsatz in der Bundesliga

ersten Bundesliga-Einsatz und löste damit David Alaba als jüngster Bayernspieler aller Zeiten ab. Vielversprechende Nachwuchskicker sind auch die Stürmer **Patrick Weihrauch (20)** und **Mitchell Weiser (23)**. Mit toller Technik und gefährlichen Freistößen glänzt der junge Nationalspieler **Toni Kroos (39)**, der nach einer Lehrzeit in Leverkusen seit 2010 wieder das Bayern-Trikot trägt. Als Spielmacher hinter den Spitzen sorgt er mit seinen Ideen und Pässen für die nötigen Überraschungsmomente. Wird er neben Schweinsteiger vor der Abwehr eingesetzt, schaltet er sich dennoch mit klugem Aufbauspiel immer wieder in die Offensive ein.

Franck Ribéry (7), der französische Wirbelwind auf der linken Außenbahn, übernahm 2007 das Trikot mit der Rückennummer von Mehmet Scholl. Ähnlich wie Scholl zeigt er sich als enorm ballgewandter Supertechniker. Dazu hat er einen Antritt, mit dem er fast jeden Gegenspieler wie eine Schnecke aussehen lässt. Früher spielte er beinahe wie ein klassischer Außenstürmer. Inzwischen hat er aber auch gelernt, bei Ballbesitz des Gegners Aufgaben in der Defensive zu übernehmen.

Seit 2009 wird Ribéry auf der rechten Seite von **Arjen Robben (10)** unterstützt. Der Niederländer, ebenfalls schnell und dribbelstark, ist ein ganz ähnlicher Spielertyp. Seine Spezialität: auf Rechtsaußen dribbeln, dann nach innen ziehen und mit links scharf aufs Tor abziehen. Auf diese Weise hat Robben schon manches Tor für die Bayern erzielt. Klar ist: Mit der Flügelzange „Robbéry“ kann der FC Bayern jede Abwehr zerlegen.

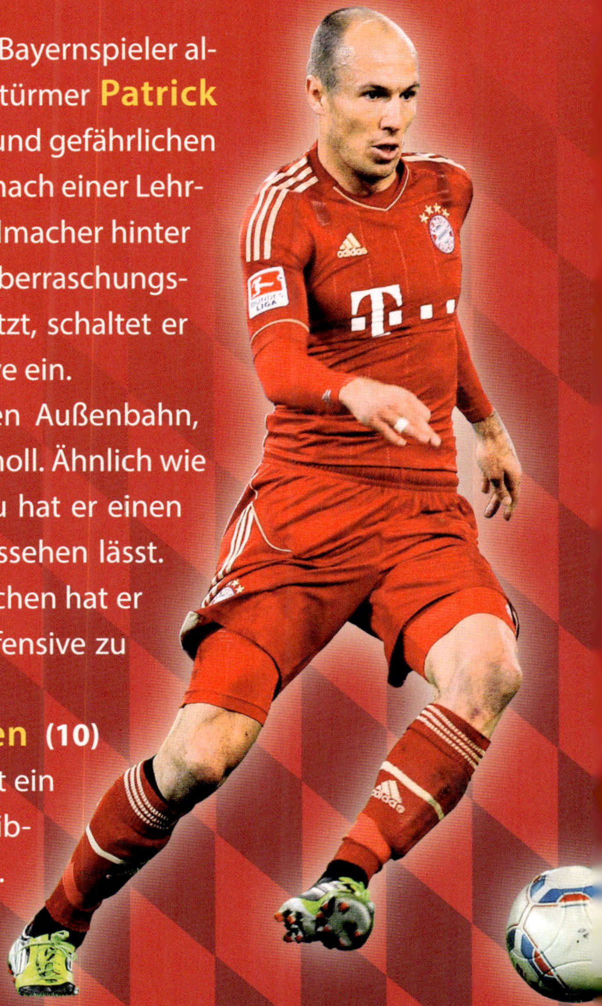

Schnell und dribbelstark: Arjen Robben.

Toller Techniker: der Franzose Franck Ribéry.

Toni Kroos

DIE BESTEN DER BAYERN
DIE STARS VON HEUTE

MITTELFELD & ANGRIFF

Elegant: Thomas Müller.

„MICH TREIBT NICHTS VOM FC BAYERN WEG."
Thomas Müller

Immer freundlich und stets mit einem lockeren Spruch auf den Lippen präsentiert sich der beim TSV Pähl und dann in der Bayern-Jugend ausgebildete **Thomas Müller (25)**. Der enorm laufstarke Namensvetter des großen Torjägers Gerd Müller schaffte den Durchbruch zum Klassespieler im Eiltempo. Anfang 2009 spielte er noch in der 2. Bayern-Mannschaft, noch im selben Jahr wurde er Stammspieler in der Bundesliga, bei der WM 2010 war er dann bereits mit fünf Treffern Torschützenkönig. Der schlaksige Stürmer, dessen Aktionen manchmal etwas komisch aussehen, ist ein extrem unberechenbarer Instinktfußballer. Er beackert den ganzen Platz und kann mit seinem ausgeprägten Gespür für Räume und Laufwege Situationen vorausahnen. Immer wieder sorgt er für überraschende Angriffe und pfiffig herausgepielte Tore.

Da sich in der Spielzeit 2011/12 herausgestellt hatte, dass dem FC Bayern im Sturm Alternativen fehlen, beschloss die Vereinsführung eine Aufrüstung der Offensive. Eine Neuverpflichtung war der Kroate **Mario Mandzukic (9)**, der für 13 Mio. Euro vom VfL Wolfsburg geholt wurde. Der laufstarke Stürmer überzeugte auf Anhieb, insbesondere durch sein mannschaftsdienliches Spiel. Er rackerte unentwegt, kombinierte intelligent, sorgte für Vorlagen, traf selbst und verstärkte bei Ballverlust sofort die Defensive. Trotz weiterhin guter Leistungen kam er 2013/14 nicht mehr regelmäßig zum Einsatz: Trainer Guardiola passte ein klassischer Mittelstürmer wie er nicht ins Konzept. Vor dem letzten Bundesliga-Spiel erklärte der Kroate, das er den FC Bayern nach der Saison verlassen wolle.

Mario Mandzukic

Claudio Pizarro (14) ist stets da, wenn sein Einsatz gefordert ist. Der erfahrene Peruaner, der zuvor bei Werder Bremen im fortgeschrittenen Fußballalter von 33 Jahren einen zweiten Frühling erlebt hatte, hat von seiner Torgefährlichkeit nichts eingebüßt. Falls es mal nicht so gut läuft, ist er in der Lage, ein Spiel als Einwechselspieler noch zu wenden. In der Saison 2012/13 hat auch der junge Kosovo-Albaner und Schweizer Nationalspieler **Xherdan Shaquiri (11)** seine Qualitäten bewiesen. Der nur 1,69 Meter große, aber sehr bullige Spieler ist ein quirliger und dynamischer Dribbler mit Zug zum Tor. Wegen seiner gedrungenen Figur hat ihn sein ehemaliger Trainer Thorsten Fink mit einem „Ninja Hero Turtle" verglichen. Seit der Saison 2013/14 ist

Xherdan Shaqiri

Claudio Pizarro

Robert Lewandowski

nun auch das wohl größte Talent des deutschen Fußballs, der Ex-Dortmunder **Mario Götze (19)**, ein weiterer Glanzpunkt im sowieso schon toll besetzten Bayern-Kader. Der hochbegabte Edeltechniker wird im Ausland gerne mit Barcelonas Star Lionel Messi verglichen. Und er hat das Zeug dazu, einmal dessen Nachfolger als weltbester Fußballer zu werden.

Der polnische Nationalspieler **Robert Lewandowski** hatte 2011/12 und 2012/13 mit insgesamt 46 Treffern einen großen Anteil daran, dass Borussia Dortmund den Bayern zweimal hintereinander den Meistertitel wegschnappen konnte. Gut, dass der enorm wendige und extrem effektive Torjäger zum 1. Juli 2014 zum FCB wechselte. Für den Superstürmer, der unbedingt nach München wollte, war nicht einmal eine Ablöse fällig, da sein Vertrag in Dortmund ausgelaufen war.

Edeltechniker: Mario Götze.

Transferrekorde des FC Bayern – Zugänge
(in Klammern: Jahr, alter Verein)

Javier Martinez (2012, Athletic Bilbao) 40 Mio. Euro

Mario Götze (2013, Borussia Dortmund) 37 Mio. Euro

Mario Gomez (2009, VfB Stuttgart) 35 Mio. Euro

Thiago Alcantara (2013, FC Barcelona) 25 Mio. Euro

Manuel Neuer (2011, Schalke 04) 25 Mio. Euro

Franck Ribéry (2007, Olympique Marseille) 25 Mio. Euro

Arjen Robben (2009, Real Madrid) 24 Mio. Euro

Roy Makaay (2003, Deportivo La Coruña) 19,75 Mio. Euro

Miroslav Klose (2007, Werder Bremen) 14 Mio. Euro

Marcell Jansen (2007, Borussia Mönchengladbach) 14 Mio. Euro

Jerome Boateng (2011, Man. City) 13,5 Mio. Euro

Mario Mandzukic (2012, VfL Wolfsburg) 13 Mio. Euro

Breno (2007, São Paulo Futebol Clube) 12 Mio. Euro

Lúcio (2004, Bayer 04 Leverkusen) 12 Mio. Euro

ALLES RUND UM DEN FC BAYERN

Rund 35 Millionen Zuschauer bei Bundesliga-Heimspielen seit dem Aufstieg 1965

Über 20 Millionen bekennende Bayern-Fans

Rund 3 Millionen Zuschauer pro Saison

71.000 Zuschauer im Schnitt pro Heimspiel

Rund 260.000 Fanklub-Mitglieder

Rund 224.000 Vereinsmitglieder

Mehr als 3.600 Bayern-Fanklubs

FC BAYERN
REKORDMEISTER
Ballmacht
Und wir bleiben

LOGOS UND MASKOTTCHEN

Das älteste Bayern-Logo ist die Fahne, die verschnörkelten Buchstaben galten bis in die 1950er Jahre. Das Oval mit den Rauten trug schon Beckenbauer auf seinem Trikot.

Das Bayern-Logo

Alle Fußballvereine haben ein Logo, eine Art Abzeichen. Jeder kennt das Logo des FC Bayern München. Es stellt in der Mitte die Fahne Bayerns dar und ist eingerahmt von einem roten Kreis, auf dem in weißen Buchstaben der Vereinsname erscheint. Bis vor einigen Jahren stand im Kreis des Bayern-Logos noch das Anhängsel „e.V.". Das bedeutet „eingetragener Verein". Seit 2002 ist die Profiabteilung des FC Bayern kein „e.V." mehr, sondern eine Aktiengesellschaft (AG). Deswegen musste aus dem Logo das „e.V." weg.

Das Logo des FC Bayern sah nicht immer so aus. Im Lauf der Jahre haben sich die Abzeichen auf den Trikots der Bayern-Spieler immer wieder geändert. Beim ersten Logo im Jahr 1900 war noch nicht einmal die Farbe Rot dabei. Als Vereinsfarben hatten die Gründer des FC Bayern nämlich die bayerischen Farben Weiß und Blau gewählt.

Mit dem Bayern-Logo lässt sich auch super das Gesicht schminken.

Durch das FC-Bayern-Logo auf seiner Kutte zeigt dieser Fan seine Verbundenheit mit dem Verein.

Die Geschichte der Fussballwappen

Die Logos der Fußballvereine sind die modernen Nachfolger der mittelalterlichen Wappen. Die Wappen der Ritter – aber auch der Handwerker und der Städte – waren sehr wichtig, da damals nur wenige Menschen lesen konnten. Die Bedeutung eines Wappens wurde aber von jedem sofort verstanden. Und so muss man auch heute nicht viel erklären, wenn man ein Bayern-Fan ist – man muss sich nur das Logo an die Kleidung heften. Auf allen Fanartikeln des FC Bayern prangt das Logo, jeder Fan hat mindestens eines auf seiner „Kutte", und bei Fanklub-Treffen hängt meist eine große Bayern-Fahne an der Wand.

In der Mitte des bayerischen Wappens befindet sich das weiß-blaue Rautenschild.

Die Geschichte der weiss-blauen Rauten

Die weiß-blauen Rauten in der Mitte des Wappens von Bayern gelten heute als bayerisches Wahrzeichen. Das Rautenschild war im Mittelalter das Wappen der Grafen von Bogen. Man vermutet, dass einst viele Ritter ihre Schilde mit einem Eisengitter verstärkten. Aus den Gitterrauten soll sich dann später das Rautenmuster entwickelt haben. Im Grunde tragen die Bayern-Spieler also ein Ritterschild auf der Brust. Vielleicht fühlen sie sich deswegen immer so sicher, dass ihnen kein Gegner etwas anhaben kann?

In der Saison 1993/94 wurde der „Bazi" (bayerisch für Schlitzohr) das Maskottchen der Bayern (rechts, mit Lothar Matthäus). Das heutige Maskottchen ist ein Bär und hört auf den Namen „Berni". Hier ist er Arm in Arm mit Ribéry zu sehen.

ALTE STADIEN

Die Tribüne auf dem Platz an der Leopoldstraße.

EHEMALIGE SPIELSTÄTTEN

Der Spielplatz an der Schyrenstraße in den Isar-Auen war Schauplatz der ersten Trainingsspiele des FC Bayern. Im Gründungsjahr 1900 trug der Verein seine ersten Wettspiele dann auf der berühmten Theresienwiese aus, wo seit 1810 das Oktoberfest stattfindet. Der erste offizielle Fußballplatz des FC Bayern entstand schließlich an der Clemensstraße in Schwabing. Dort trug der FC Bayern von Mai 1901 bis Mai 1907 seine Heimspiele aus. Im September 1907 folgte der Umzug an die Leopoldstraße, wo sich die Anlage des Münchner SC befand, dem sich die Bayern zeitweise angeschlossen hatten. Vorübergehende Spielstätten waren danach der MTV-Platz Marbachstraße (1922) und der Teutonia-Platz am Oberwiesenfeld (1923-25).

Löwen-Schonung
Im Grünwalder Stadion hatte es der FC Bayern nicht immer leicht. Franz Beckenbauer: „Wir waren da nur Gast. Eines unserer letzten Regionalliga-Spiele wurde kurz vor Beginn in das Dante-Stadion verlegt, weil plötzlich jemandem eingefallen war, dass man den Rasen besser für die Löwen schont." Das Dante-Stadion war bereits in den letzten Jahren des Zweiten Weltkriegs Schauplatz von Bayern-Spielen gewesen.

GRÜNWALDER STRASSE

Im September 1926 wurde in Giesing das Stadion an der Grünwalder Straße eröffnet. Das Stadion hatte Platz für 40.000 Zuschauer und war das erste richtige Stadion, in dem die Bayern zu ihren Heimspielen antraten. Aber sie waren dort nur Gast. Das Grünwalder Stadion gehörte für lange Zeit dem Lokalrivalen 1860. Erst 1937 übernahm es die Stadt München. Trotzdem blieb es für alle Münchner auch danach noch das „Sechziger-Stadion". Eigentlich erstaunlich, dass der FC Bayern seine Erfolgsgeschichte in einem „fremden" Stadion begann.

An der Grünwalder Straße (oben und unten) feierte der FC Bayern so manchen Sieg.

Olympiastadion

Im großen Rund des Olympiastadions kamen sich die Zuschauer oft verloren vor. Die Laufbahn machte den Innenraum zu groß, und das war schlecht für die Stimmung.

Am 28. Juni 1972 bestritt der FC Bayern sein erstes Heimspiel in dem Stadion, das für die Olympischen Spiele 1972 errichtet worden war und deshalb Olympiastadion hieß. Besonders beeindruckend war das Dach des Stadions, das einem Zelt ähnelte. 80.000 Zuschauer sahen den 5:1-Sieg gegen Schalke 04 und bescherten dem Verein die erste Millioneneinnahme seiner Geschichte (1,2 Mio. DM). Das Olympiastadion kam genau zur rechten Zeit. Das ursprünglich billige Team um Beckenbauer, Maier und Müller wurde aufgrund seiner Erfolge immer teurer. Durch die Steigerung der Zuschauereinnahmen besaß der Verein nun aber das Geld, um die Mannschaft zusammenzuhalten. Das Olympiastadion konnte nämlich mehr als doppelt so viele Zuschauer fassen wie das alte Stadion an der Grünwalder Straße. Der FC Bayern hatte damit einen finanziellen Vorteil gegenüber der Konkurrenz, die zunächst noch in alten Stadien antreten musste. Allerdings war dieser Vorteil nicht für die Ewigkeit. Als in den 1990er Jahren fast alle anderen Bundesligavereine bereits neue und moderne Stadien hatten, spielten die Bayern immer noch im Olympiastadion, das inzwischen den gestiegenen Ansprüchen der Zuschauer nicht mehr genügte: Das Zeltdach schützte nicht genug vor dem Wetter, es war kalt, feucht und windig. Erst im April 1999 fiel endlich die Entscheidung, in Fröttmaning eine neue Arena zu bauen. Das 6:3 gegen den 1. FC Nürnberg am 33. Spieltag der Bundesligasaison 2004/05 war das letzte von insgesamt 792 Bayern-Spielen im Olympiastadion.

Das Olympiastadion galt bei seiner Errichtung als eine besonders schöne Anlage.

DIE ALLIANZ ARENA

Die Anfänge

Die eigentliche Geschichte der Allianz Arena begann im Herbst 2001. Damals stimmten die Münchner Bürger mit großer Mehrheit für ein neues Stadion im Münchner Norden (Stadtteil Fröttmaning). Das Stadion sollte 340 Mio. Euro kosten und zunächst gemeinsam vom FC Bayern und 1860 finanziert werden. Ende Mai 2005 war die Arena, die nach Umbauten heute 71.000 Zuschauern Platz bietet, fertiggestellt. Zur Eröffnung fand am 2. Juni 2005 das 201. Derby gegen den TSV 1860 statt, das der FC Bayern überraschend mit 0:1 verlor. Am 9. Juni 2006 war die Allianz Arena Schauplatz des Eröffnungsspiels der WM 2006 (Deutschland – Costa Rica 4:2).

Die Architektur der Arena

Besonders bemerkenswert ist die Stadionhülle aus 2.760 Luftkissen, die in den Farben Weiß, Rot und Blau beleuchtet werden können. Innen reichen die drei steilen Ränge fast bis zum Spielfeldrand und bieten überall eine tolle Sicht. Auch für die Zeit vor und nach dem Spiel hat die Allianz Arena einiges zu bieten: zum Beispiel einen riesigen FC-Bayern-München-Fanshop oder die Lego-Kinderwelt. Besonders sehenswert ist das 2012 auf der Ebene 3 eröffnete Vereinsmuseum, die FC Bayern Erlebniswelt. Dazu locken Kioske und Restaurants mit einem bunten Angebot. Nicht

alle Bereiche sind freilich für jedermann zugänglich. Die wichtigen Menschen mit dickem Geldbeutel sitzen in großen Logen und super Restaurants, zu denen man mit normaler Eintrittskarte keinen Zugang hat. Dafür gibt es für die Fans in der Bayern-Kurve besonders billige Stehplätze. Die Dauerkarte für eine Saison kostet dort 120 Euro, also etwa 7 Euro pro Spiel.

Trainingsgelände Säbener Strasse

Das Bayern-Trainingsgelände Säbener Straße liegt in einer guten Wohngegend von Harlaching. Franz Beckenbauer musste sich hier noch Mitte der 1960er Jahre in einer Holzhütte umziehen. Das heutige 70.000 Quadratmeter große Trainings- und Verwaltungszentrum entstand 1970 und kostete damals 3,9 Mio. DM. 1989 wurde es renoviert und erweitert, 2008 zu einem supermodernen Leistungszentrum ausgebaut. Für das Training stehen mehrere Rasenplätze (einer mit Rasenheizung), ein Kunstrasenplatz und eine Mehrzweckturnhalle zur Verfügung.

Der Sitzplan der Allianz Arena. Die verschiedenen Farben bedeuten verschiedene Preiskategorien. Außerdem zeigen sie, wo Sitzplätze (hellorange) und die Plätze für die besonders wichtigen Leute (grau) sind.

Die Allianz Arena bietet von allen Rängen einen tollen Blick aufs Spielfeld.

Bayern-Fans gibt es überall auf der Welt. Der afrikanische Fanklub Kampala (Uganda) tritt zu seinen Spielen sogar in Bayern-Trikots an.

Der frühere Bayern-Torwart Raimond Aumann ist der Leiter der Abteilung Fan- und Fanklub-Betreuung. Er und seine Mitarbeiter kümmern sich um alle Anfragen der Fans und versuchen, ihre Wünsche zu erfüllen.

Millionen von Bayern-Fans

Ende 2013 hatte der FC Bayern rund 224.000 Mitglieder und mehr als 3.600 Fanklubs mit über 260.000 Fanklub-Mitgliedern. Die Fans der Bayern, die nicht irgendwo Mitglied sind, werden auf etwa 20 Millionen geschätzt. Nur wenige internationale Spitzenklubs wie Real Madrid, der FC Barcelona oder Manchester United haben noch mehr Anhänger. In der deutschen Bundesliga ist der FC Bayern aber einsamer Spitzenreiter. Eine Besonderheit ist, dass die meisten Bayern-Fans nicht in München und Umgebung leben, sondern überall in Bayern, ja in ganz Deutschland. Kein anderer Bundesligaverein hat so viele Fans auf einer so großen Fläche. Allein im Ruhrgebiet gibt es über hundert Bayern-Fanklubs. Und sogar außerhalb Deutschlands gibt es Bayern-Fans. Deswegen kann die Internetseite des FC Bayern nicht nur auf Deutsch, sondern auch auf Englisch, Japanisch und Chinesisch aufgerufen werden. So können sich auch die Mitglieder des chinesischen Fanklubs „Oans, zwoa g'suffa Shanghai" direkt informieren.

Das Fernsehen, der Erfolg und die Fans

Der FC Bayern hätte wohl kaum so viele Fans, wenn es das Fernsehen nicht gäbe. Die Bayern waren die erste Mannschaft, deren Europapokalspiele man in den 1970er Jahren in voller Länge im Fernsehen sehen konnte. Damals gewannen sie dreimal hintereinander den Pokal der Landesmeister. Das brachte ihnen viele neue Fans in ganz Deutschland, und aus dem Münchner Verein FC Bayern wurde damit ein Verein für alle Deutschen. Weil der FC Bayern weiterhin so viel Erfolg hatte, wuchs die Zahl der Bayern-Fans immer weiter. Bayern-Fans haben eine viel größere Chance, Siege zu bejubeln, als die Fans anderer deutscher Klubs.

Wenn die Bayern mal wieder eine Meisterschaft errungen haben, feiern Tausende von Fans auf dem Münchner Marienplatz mit.

Die Fans und die Stimmung

Die Allianz Arena ist praktisch immer ausverkauft. Dennoch geht es im Stadion meist etwas ruhiger zu als anderswo. Fans, die für Stimmung sorgen, befinden sich nur auf den Stehplätzen in der Südkurve und teilweise in der Nordkurve. Die Zuschauer auf den Sitzplätzen bleiben dagegen meist still. Die Stehplatzfans der Bayern fordern daher mehr Stehplätze in der Südkurve, damit das Anfeuern besser klappt. Uli Hoeneß sieht das anders: „Für die Scheißstimmung seid ihr doch zuständig und nicht wir", hielt er den Fans vor. Aber vielleicht bessert sich die Stimmung ja, wenn viele neue junge Bayern-Fans die Stars auf dem Rasen in voller Lautstärke anfeuern. Vorbild könnte der Fanklub Saalachtal sein. Ende August 2009 fuhren 35 Kinder (und fünf Erwachsene) mit dem Bus zur Allianz Arena, um die Bayern-Stars gegen Werder Bremen zu erleben. Trotz eines etwas mageren 1:1 ließen sie sich die gute Laune nicht verderben. Selbst auf der Rückfahrt hörten sie mit den Schlachtgesängen nicht auf.

Willy Astor, Komponist von „Stern des Südens", trägt sein Lied oft auch selbst vor.

Vereinslieder…

Das aktuelle offizielle Vereinslied ist „Stern des Südens", komponiert von Willy Astor und gesungen von Claus Lessmann, dem Sänger der Hardrockband Bonfire:

„Welche Münchner Fußballmannschaft kennt man
auf der ganzen Welt?
Wie heißt dieser Klub, der hierzulande die Rekorde hält?
Wer hat schon gewonnen, was es jemals zu gewinnen gab?
Wer bringt seit Jahrzehnten unsere Bundesliga voll auf Trab?
FC Bayern, Stern des Südens,
Du wirst niemals untergeh'n,
weil wir in guten wie in schlechten Zeiten zueinander steh'n.
FC Bayern, Deutscher Meister,
ja, so heißt er, mein Verein,
ja so war es und so ist es und so wird
es immer sein!"

Davor war jahrelang das Lied „Forever Number One" die Hymne des Vereins.
Von den Fans besonders gern gesungen wird auch das Lied „Mir san die Bayern".

DAS DERBY

Der Konkurrent aus München

Am 28. Spieltag der Saison 1966/67 gingen die Bayern in Braunschweig mit 2:5 unter. Mancher Beobachter meinte, die Spieler hätten sich nicht so richtig angestrengt. Tatsache ist: Hätten die Bayern gewonnen, wäre in diesem Jahr nicht Braunschweig, sondern der Lokalrivale 1860 Meister geworden. Und das hätte den „Blauen" im Lager der „Roten" niemand gegönnt. Zumal die „Sechziger" ja bereits 1966 Meister geworden waren. Umgekehrt freuten sich aber auch die „Löwen", wenn die Bayern einmal stolperten. Und im direkten Duell zwischen den beiden Konkurrenten ging es schon immer heiß her.

Die Derby-Bilanz
Von 1902 bis 2008 gab es 204 Spiele zwischen dem FC Bayern und dem TSV 1860. 105 Siegen stehen 50 Unentschieden und 49 Niederlagen gegenüber. Das Torverhältnis lautet 437:278. In der Bundesliga gab es 21 Siege, 7 Unentschieden und 8 Niederlagen. Das torreichste Bundesliga-Derby fand am 10. Mai 1980 statt. Beim 6:1-Sieg trafen für Bayern Breitner (2), K.-H. Rummenigge (2), Janzon und Niedermayer.

Das Derby gegen die „Löwen"

„Derby" nennt man ein Spiel zwischen zwei Vereinen, die aus derselben Stadt kommen. Das Derby zwischen dem FC Bayern und dem TSV 1860 München ist eines der ältesten in Deutschland. Seine Geschichte begann Anfang des vergangenen Jahrhunderts. In den 1920er Jahren waren die Derbys zwischen den beiden Klubs dann die Höhepunkte jeder Saison. Die Zuschauer strömten herbei und waren so erregt wie bei kaum einem anderen Spiel. Mal waren die „Roten" die Nummer eins in München, mal die „Blauen". Bis in die 1960er Jahre waren die Bayern und die Sechziger ungefähr gleich stark. Dann wurden die Bayern nicht nur in München, sondern sogar in ganz Deutschland das beste Team. Die „Löwen" spielten dagegen

von 1981 bis 1994 nicht einmal in der 1. Liga, und nach zehn Jahren Bundesliga sind sie seit 2004 wieder nur in der 2. Liga. Punktspiel-Derbys auf Augenhöhe gibt es heute nur noch in der Regionalliga Bayern zwischen den 2. Mannschaften der beiden Vereine. Die beiden Derbys 2013/14 endeten 2:0 und 1:2.

Derby am 14. August 1965: Timo Konietzka jubelt nach seinem Tor des Tages zum 1:0-Sieg für 1860 im ersten Lokalderby der beiden Mannschaften in der Bundesliga.

Ist das Derby ein „Klassenkampf“?

Wenn die Bayern gegen die Sechziger antreten, sprechen auch heute noch manche von einem „Klassenkampf“. Sie meinen damit, dass da die neureichen „Großkopferten“ (FC Bayern) gegen die ehrlichen „Arbeiter“ (1860) antreten. Das stimmt so natürlich nicht ganz. Auf beiden Seiten gibt es Fans mit viel und wenig Geld. Richtig ist allerdings, dass die „Blauen“ innerhalb der Münchner Stadtgrenzen – zumindest im Verhältnis zur Zahl der Fans insgesamt – mehr Anhänger haben als die „Roten“. Die meisten Fans des FC Bayern reisen zu den Heimspielen von außerhalb an.

Überläufer

Es gab im Lauf der Jahrzehnte etliche Spieler, die trotz der Konkurrenzsituation zwischen den beiden Vereinen wechselten. „Überläufer“ vom FC Bayern zum TSV 1860 waren unter anderen: Peter Grosser (FCB 1960-63, TSV 1963-69), Jupp Kapellmann (FCB 1973-79, TSV 1979-81) und Manfred Schwabl (FCB 1984-86/1989-93, TSV 1994-97). Den umgekehrten Weg von den „Blauen“ zu den „Roten“ gingen unter anderen: Ludwig Kögl (TSV 1983-84, FCB 1984-90), Jens Jeremies (TSV 1995-98, FCB 1998-2006) und Andreas Görlitz (TSV 2001-04, FCB 2004-10).

Eine legendäre „Watschn“

Franz Beckenbauer erlernte das Fußballspiel beim SC 1906 München. 1958 plante der damals 13-Jährige den Wechsel zum TSV 1860. Als er jedoch während eines Spieles für den MSC mit einem Spieler der „Löwen“ aneinander geriet und dieser ihm eine Ohrfeige gab, ärgerte sich der spätere „Kaiser“ so sehr, dass er zum FC Bayern wechselte.

Gegen Mehmet Scholl hatten die Löwen am 15. Februar 2003 keine Chance: Drei Tore trug er zum 5:0-Sieg der Bayern bei. Mehmet Scholl ist auch der beste Bayern-Torschütze in der Geschichte des Derbys. Er erzielte insgesamt sieben Treffer gegen die Löwen, einen mehr als Gerd Müller.

Die Allianz Arena ist nicht nur das Stadion der „Roten“, sondern auch das der „Blauen“. So leuchtet sie bei den Heimspielen der Löwen blau und bei FC-Bayern-Heimspielen rot.

PRÄSIDENTEN UND MANAGER

Präsident Kurt Landauer

Die besten Präsidenten des FC Bayern

Schon viele Männer standen an der Spitze der Bayern, aber zwei von ihnen ragen heraus: Kurt Landauer, der den Verein in seiner frühen Zeit aufbaute, und Wilhelm Neudecker, der in den 1960er Jahren die große Erfolgsära begleitete.

Kurt Landauer (geboren 1884), Sohn eines jüdischen Kaufmanns und Bayern-Mitglied seit 1901, war 1913/14 erstmals Vereinspräsident. 1919 übernahm er das Amt erneut, das er dann, mit einer kleinen Unterbrechung, fast 14 Jahre lang innehatte. Landauer förderte die Jugendarbeit und garantierte den Spielern der ersten Mannschaft ein gutes Gehalt. Das Herumtreiben und das Rauchen verbot er unter Androhung hoher Strafen. Offensichtlich hat das gewirkt: 1932 wurden die Bayern erstmals Deutscher Meister. Im März 1933 musste Landauer aufgrund der neuen politischen Verhältnisse zurücktreten und später in die Schweiz auswandern. Nach seiner Rückkehr wurde er im Juni 1947 erneut zum Klubpräsidenten gewählt und blieb nun bis 1951 an der Spitze des Vereins. Kurt Landauer starb am 21. Dezember 1961 im Alter von 77 Jahren.

Der strenge **Wilhelm Neudecker** (geboren 1913), der sich mit seinem außergewöhnlichen Ehrgeiz vom Maurer zum reichen Bauunternehmer hochgearbeitet hatte, übernahm 1962 das Präsidentenamt beim FC Bayern. Neudecker verzichtete zunächst auf teure neue Spieler und setzte stattdessen auf die Jugend. Als die einstigen Nachwuchsspieler Maier, Beckenbauer und Müller zu wichtigen Nationalspielern und damit immer teurer geworden waren, tat der Präsident alles, um sie beim FC Bayern halten. Neudecker war ein Alleinherrscher und Dickschädel. Deswegen trat er 1970 zurück, als die Spieler gegen die Verpflichtung des Trainers Max Merkel protestierten. Wilhelm Neudecker starb am Heiligen Abend 1993 an Herzversagen.

Neudeckers Nachfolger als Präsidenten waren **Willi O. Hoffmann** (1979 - 1985), der Professor **Dr. Fritz Scherer** (1985 - 1994) und der berühmteste Mann des deutschen Fußballs, **Franz Beckenbauer** (1994 - 2009). Von November 2009 bis März 2014 war der ehemalige Bayernmanager **Uli Hoeneß** Präsident des FCB. Der ehemalige Finanzchef **Karl Hopfner** trat seine Nachfolge an.

Die soziale „Abteilung Attacke"

Berühmt-berüchtigt wurde Uli Hoeneß während seiner Manager-Karriere nicht zuletzt wegen der scharfen Angriffe auf Konkurrenten. Er selbst bezeichnete sich als „Abteilung Attacke". Doch auch wenn er oft laut wurde und schimpfte, blieb er stets einer, der sich wie ein guter Vater um alle Bayern-Mitglieder und die Fans kümmerte. Unter Hoeneß hat sich der FC Bayern zudem mit Benefizspielen und Spenden für Not leidende Spieler und Vereine sowie mit zahlreichen Hilfsleistungen für sozial Schwache hervorgetan. Großes Aufsehen erregte es, als Hoeneß im März 2014 wegen Steuerhinterziehung zu dreieinhalb Jahren Gefängnis verurteilt wurde und von seinen Ämtern zurücktreten musste.

Präsident Neudecker mit Gerd Müller.

Links: Vorstandsvorsitzender Rummenigge, Präsident Hoeneß und Ehrenpräsident Beckenbauer mal ganz anders: Mit Perücke und in alten Trikots posierten die drei 2001 für eine Werbeaktion.

Rechts: Manager Robert Schwan.

Die „Macher" des modernen FC Bayern

Der ehemalige Versicherungsdirektor **Dr. Robert Schwan** wurde zum „Erfinder" des modernen Fußballmanagements in Deutschland. Schwan managte nicht nur den FC Bayern, sondern auch Franz Beckenbauer. Seine letzte Tat für den FC Bayern war im Jahr 1977 der Verkauf des „Kaisers" an Cosmos New York.

Schwans Nachfolger wurde 1979 der ehemalige Bayern-Spieler **Uli Hoeneß**. Der Manager wurde als „Mister Bayern" eine Legende. Um erfolgreich zu sein, meinte er, müsse ein Fußballmanager selbst ein Klassespieler gewesen sein. Außerdem müsse er finanziell unabhängig sein und seinem Verein immer treu bleiben. Hoeneß selbst hatte als Spieler alle möglichen Titel gewonnen, mit Geschäften außerhalb des Fußballs (unter anderem mit einer Bratwurst-Fabrik) Millionen verdient, und er blieb dem FC Bayern immer treu. Kein Wunder also, dass der FC Bayern unter Hoeneß zum erfolgreichsten und reichsten Verein Deutschlands wurde.

Neben Uli Hoeneß wurde der ehemalige Bayern-Spieler **Karl-Heinz Rummenigge** als Vorstandsvorsitzender der wichtigste Mann bei den Bayern. Als Hoeneß' Nachfolger sorgt heute der Sportvorstand **Matthias Sammer** für kernige Sprüche und mahnende Ansprachen.

Lederhosen

Der Bayern-Präsident Willi O. Hoffmann entwickelte während der Saison 1979/80 zusammen mit Uli Hoeneß und Paul Breitner die Idee, den Bayern Lederhosen zu verpassen. Nach der Melodie des Beatles-Songs „Yellow Submarine" sangen die gegnerischen Fans schon damals „Zieht den Bayern die Lederhosen aus!". Die Idee war, den Schmähgesang umzukehren: Seht her, wir haben wirklich Lederhosen an – aber keiner zieht sie uns aus! Heute ist die Lederhose für die Bayern ein nicht mehr wegzudenkendes Markenzeichen. Alle neuen Spieler bekommen eine und müssen sie beim traditionellen Besuch des Oktoberfests auch tragen.

Gomez und Schweinsteiger in Lederhosen.

SPIELER-REKORDE

Die Bayern sind nicht nur der mit Abstand beste deutsche Fußballverein. Auch die Bayern-Spieler sind natürlich die besten und haben die meisten Rekorde aufgestellt. Aber nicht alle Rekorde sind ruhmreich …

DIE TOP-STÜRMER

Die Rangliste der besten Bundesligastürmer des FC Bayern (bis Ende Saison 2013/14): **1. Gerd Müller** 0,85 Tore pro Spiel (427 Spiele / 365 Tore) **2. Mario Gomez** 0,65 (115/75) **3. Luca Toni** 0,63 (60/38) **4. Mario Mandzukic** 0,61 (54/33) **5. Roy Makaay** 0,6 (129 / 78) **6. Giovane Elber** 0,54 (169 / 92) **7. Arjen Robben** 0,53 (106/56) **8. Karl-Heinz Rummenigge** 0,52 (310 / 162).

DIE STÜRMER-FLOPS

Die Bayern-Geschichte ist voll von Stürmern, die Millionen kosteten, aber meist nicht so richtig treffen wollten. Einige Beispiele: 1988 Ekström (2,3 Mio. DM – 7 Tore in 23 Spielen, Schnitt 0,33); 1989 Mihajlovic (1,9 Mio. DM – 4 in 34, Schnitt 0,12), 1989 McInally (10 in 40, Schnitt 0,25); 1991 Mazinho (2 Mio. DM – 11 in 49, Schnitt 0,22); 1994 Papin (6 Mio. DM – 3 in 27, Schnitt 0,11); 1994 Kostadinov (1,1 Mio. DM – 7 in 27, Schnitt 0,25).

MÜLLER-REKORDE

Der unvergleichliche Gerd Müller (insgesamt 566 Tore in 607 Pflichtspielen für den FC Bayern) war nicht nur der beste und effektivste Bundesliga-Torschütze aller Zeiten, er hält auch noch weitere Rekorde: Er wurde siebenmal Torschützenkönig (1967/69/70/72/73/74/78), er schoss die meisten Saisontore (40 in der Spielzeit 1971/72), und er legte die längste Trefferserie hin (16 Spiele hintereinander mit Torerfolg vom 27.9.1969 bis 3.3.1970). Außerdem gelangen ihm sieben Hattricks (drei Tore hintereinander in einer Halbzeit). Weitere Rekordzahlen: im DFB-Pokal 78 Tore in 62 Spielen und im Europapokal 66 Tore in 74 Spielen.

DER SCHNELLSTE BUNDESLIGA-TORSCHÜTZE …
ist Giovane Elber. Er benötigte am 31.1.1998 nur 11 Sekunden, um den Ball im Netz des Hamburger SV unterzubringen.

ELFMETER-KÖNIGE

Gerd Müller schoss die meisten Elfmeter (63) – er schoss aber auch am häufigsten daneben (zwölfmal). Seine Treffer-Wahrscheinlichkeit betrug 80,95 Prozent und liegt damit über dem Durchschnitt von etwa 75 Prozent. Der Hamburger Manfred Kaltz war noch besser: Er verwandelte 56 von 60 Elfmetern (93,33 Prozent). Die meisten Elfmeter in einer Saison, nämlich neun, versenkte Paul Breitner (1980/81).

KAHN-REKORDE

Oliver Kahn erreichte die meisten Siege aller Bundesligaspieler (310 in 557 Spielen). Er ist der Torhüter mit den meisten Zu-Null-Spielen insgesamt (197) sowie den wenigsten Gegentoren und den meisten Spielen ohne Gegentor in einer Saison (21 Gegentore 2007/08, 19 Zu-Null-Spiele 2001/02). Die längste Serie ohne Gegentor gelang aber nicht Kahn. In der Bundesliga kam

Torschützenkönig Gerd Müller in Aktion.

er auf 803 Minuten, Timo Hildebrand schaffte sogar 884 Minuten. Und den Vereinsrekord bei den Bayern (in allen Wettbewerben) hält seit 2011/12 mit 1.147 Minuten Manuel Neuer. Kahn kam nur auf 1.013 Minuten.

DEN REKORD FÜR DIE MEISTEN SPIELE IN SERIE ...

hält Sepp Maier (442 Spiele).

DAS SCHNELLSTE TOR IN DER CHAMPIONS LEAGUE ...

schoss Roy Makaay. Er brauchte am 7.3.2007 nur 10 Sekunden, um gegen Real Madrid zu treffen.

DER TREFFSICHERSTE JOKER DER BUNDESLIGA ...

ist bis heute Alexander Zickler. Er traf nach seiner Einwechslung 18-mal. Platz zwei: Mehmet Scholl mit 14 Treffern.

DER SPIELER MIT DEN HÄUFIGSTEN EINWECHSLUNGEN ...

ist Mehmet Scholl (123-mal). Bei den Auswechslungen liegt er auf Rang sechs (114-mal).

DIE MEISTEN DEUTSCHEN MEISTERSCHAFTEN ...

gewannen Oliver Kahn und Mehmet Scholl. Beide holten mit dem FC Bayern München jeweils acht Titel. Je sieben Deutsche Meisterschaften holten Klaus Augenthaler, Lothar Matthäus, Alexander Zickler und Bastian Schweinsteiger, die ebenfalls alle ihre Titel beim FC Bayern sammelten. Sieben Meistertitel als Mitglied des Bayern-Kaders erreichte auch der Ersatztorwart Bernd Dreher: bei nur 13 Bundesligaspielen in elf Jahren!

DIE MEISTEN BUNDESLIGA-SIEGE IN SERIE ...

schafften Willy Sagnol und Lúcio (je 15), gefolgt von acht (!) weiteren Bayern-Spielern mit je 13 Siegen in Serie.

DIE MEISTEN DEUTSCHEN POKALE ...

gewann Bastian Schweinsteiger: 2013/14 holte er seinen siebten Titel und hat damit einen mehr als Oliver Kahn.

DIE MEISTEN VERWARNUNGEN ALLER BUNDESLIGASPIELER ...

erhielt Stefan Effenberg: 111-mal (!) sah er als Spieler der Bayern und von Mönchengladbach Gelb. Bei den Platzverweisen führt der Ex-Leverkusener Jens Nowotny (fünf rote, drei gelb-rote Karten). Der Bayern-Spieler Samuel Kuffour liegt nur knapp dahinter: vier rote, drei gelb-rote Karten.

REKORD-AUSZEICHNUNGEN

Bayern-Spieler haben 17-mal die Auszeichnung zu „Deutschlands Fußballer des Jahres" erhalten (Beckenbauer viermal, Maier dreimal, Müller, Kahn und Ballack je zweimal, K.-H. Rummenigge, Breitner, Matthäus, Robben je einmal). Bayern-Spieler haben außerdem fünfmal die Auszeichnung zu „Europas Fußballer des Jahres" erhalten (Beckenbauer zweimal, Rummenigge zweimal, Müller einmal).

DIE MEISTEN TORE IN DER KÜRZESTEN ZEIT ...

schaffte Dieter Hoeneß: Er schoss am 25.2.1984 beim Spiel gegen Eintracht Braunschweig zwischen der 67. und der 89. Minute fünf Tore.

Rekordtorhüter Oliver Kahn.

Bayern-Spieler im Dress des DFB

Erster Nationalspieler der Bayern war der Rechtsaußen Max Gablonsky. Er wurde nach guten Leistungen in der Süddeutschen Meisterschaft (Bayern landete da auf Platz zwei) vom DFB für das Länderspiel am 16. Mai 1910 in Duisburg gegen Belgien nominiert. Es war ein recht seltsames Spiel. Am Tag zuvor hatte das Finale um die deutsche Fußballmeisterschaft zwischen dem Karlsruher FV und Holstein Kiel stattgefunden, so dass die besten deutschen Spieler fehlten. In Duisburg kamen überhaupt nur sieben Spieler an, so dass das Nationalteam aus den Zuschauern ergänzt wurde. Auch der schnelle Gablonsky konnte da nichts mehr rausreißen – Belgien gewann mit 3:0. Die Bayern haben seitdem 84 weitere Spieler für den DFB auf den Platz geschickt. Die 85 Bayern-Spieler kamen insgesamt auf 1.932 Einsätze (Stand: 5.3.2014). Der FCB liegt damit sowohl nach der Zahl der Nationalspieler (Zweiter: Hamburger SV mit 50) wie nach der Zahl der Einsätze (Zweiter: 1. FC Köln mit 799) uneinholbar vorne.

Weltmeister Bayern

Bis 2010 wurden Bayern-Spieler 58-mal zu einer WM nominiert. Im Endspiel bei der WM 1974 (2:1 gegen Niederlande) befanden sich sechs Bayern für den DFB auf dem Platz: **Maier** – Vogts, **Breitner** – **Schwarzenbeck**, **Beckenbauer**, Bonhof – Grabowski**, U. Hoeneß**, **G. Müller**. 1990 (1:0 im Finale gegen Argentinien) standen im WM-Kader Deutschlands fünf aktuelle Bayern (Augenthaler, Kohler, Pflügler, Reuter, Aumann) sowie fünf ehemalige oder zukünftige (Berthold, Brehme, Klinsmann, Matthäus, Thon).

Im Kader, der bei der WM 2010 den dritten Platz erreichte, standen sieben Bayern-Spieler: Hans Jörg Butt, Holger Badstuber, Philipp Lahm, Bastian Schweinsteiger, Mario Gomez, Miroslav Klose, Thomas Müller.

WM-Achtelfinale 2010 gegen England: Der zweifache Torschütze Thomas Müller (links) freut sich mit Bastian Schweinsteiger über den 4:1-Erfolg der deutschen Nationalelf.

Ex-Bayernspieler Franz Beckenbauer (2. von links) führte die deutsche Nationalelf 1990 zum Weltmeister-Titel. Rechts neben ihm die damaligen Bayern-Spieler Klaus Augenthaler und Stefan Reuter sowie der spätere Bayern-Spieler und -Trainer Jürgen Klinsmann.

Unter den besten neun Torschützen in der Nationalelf befinden sich sechs Bayern-Spieler (alle Tore für alle Vereine bis 5.3.2014):

Gerd Müller 68
Miroslav Klose 68
Jürgen Klinsmann 47
(Rudi Völler 47)
Lukas Podolski 46
Karl-Heinz Rummenigge 45
(Uwe Seeler 43)
Michael Ballack 42
(Oliver Bierhoff 37)

Die deutschen Nationalspieler des FC Bayern

Franz Beckenbauer 103, WM, EM
Lothar Matthäus 96 (150), WM, EM
Sepp Maier 95, WM, EM
Oliver Kahn 86
Karl-Heinz Rummenigge 78 (95), EM
Gerd Müller 62, WM, EM
Thomas Helmer 58 (68), EM
Markus Babbel 51, EM
Jens Jeremies 47 (55)
Paul Breitner 46 (48), WM, EM
Georg Schwarzenbeck 44, WM, EM
Michael Ballack 41 (98)
Thomas Linke 41 (43)
Ludwig Goldbrunner 39
Mehmet Scholl 36, EM
Uli Hoeneß 35, WM, EM
Christian Ziege 31 (72), EM
Carsten Jancker 29 (33)
Jürgen Klinsmann 23 (108), WM, EM
Thomas Strunz 21 (41), EM
Klaus Augenthaler 27, WM
Wolfgang Dremmler 27
Stefan Reuter 18 (69), WM, EM
Ludwig Hofmann 18
Sebastian Deisler 17 (36)
Stefan Effenberg 14 (35)
Michael Tarnat 15 (19)
Jakob Streitle 15
Josef Pöttinger 14
Torsten Frings 13 (79)
Jürgen Kohler 12 (105), WM, EM
Andreas Brehme 12 (86), WM
Dietmar Hamann 12 (59)
Olaf Thon 12 (52), WM
Alexander Zickler 12
Mario Basler 11 (30)

Sigmund Haringer 11 (15)
Willi Giesemann 11 (14)
Hans Pflügler 11, WM
Norbert Eder 9
Conrad Heidkamp 8 (9)
Josef Bergmaier 8
Emil Kutterer 8
Wilhelm Simetsreiter 8
Hans Dorfner 7
Hans Bauer 5, WM
Dieter Hoeneß 4 (6)
Gerhard Siedl 4 (6)
Raimond Aumann 4
Max Gablonsky 4
Oskar Rohr 4
Franz Roth 4
Karl Mai 3 (21), WM
Jupp Kapellmann 3 (5)
Georg Schneider 3
Tobias Rau 2 (7)
Andreas Görlitz 2
Ludwig Kögl 2
Franz Krumm 2
Michael Rummenigge 2
Roland Wohlfarth 2
Herbert Erhardt 1 (50), WM
Hans Jörg Butt 1 (4)
Ludwig Hofmeister 1 (2)
Bruno Labbadia 1 (2)
Dieter Brenninger 1
Fritz Fürst 1
Rudolf Nafziger 1
Ernst Nagelschmitz 1
Kurt Niedermayer 1
Rainer Ohlhauser 1
Werner Olk 1, Hans Welker 1

Aktive Spieler:
(Stand: 5.3.2014)

Bastian Schweinsteiger 101
Philipp Lahm 90 (105)
Miroslav Klose 43 (131)
Lukas Podolski 34 (112)
Thomas Müller 47
Mario Gomez 33 (59)
Toni Kroos 38 (42)
Holger Badstuber 30
Manuel Neuer 25 (45)
Jerome Boateng 24 (37)
Marcell Jansen 12 (45)
Mario Götze 5 (27)

Weltklasse im Tor: Manuel Neuer.

DIE BAYERN-JUGEND

2007 spielten sie noch in der A-Jugend des FC Bayern (hier im Finale um die Deutsche A-Jugend-Meisterschaft), heute sind sie Profis bei den Bayern: Thomas Müller und Holger Badstuber.

Die größten Erfolge der 2. Mannschaft
(früher Bayern-Amateure)
Vize-Meisterschaft Amateure 1983 und 1987
Meister Regionalliga Süd 2004
Viertelfinale DFB-Pokal 1994/95 und 2004/05.

Jugend und Talente

Jugend und Erfolg sind kein Widerspruch. Beim Aufstieg in die Bundesliga 1964/65 betrug das Durchschnittsalter der Bayern-Spieler lediglich 21,8 Jahre. Von den 25 Kickern, die damals das Bayern-Trikot trugen, stammten 14 aus der eigenen Jugend. Aber auch später kamen immer wieder frische Talente aus der Bayern-Jugend. 2013/14 standen sieben vom Verein ausgebildete Spieler im Bayern-Kader. Die bekanntesten sind heute Stammspieler in der Nationalelf (Lahm, Schweinsteiger, Badstuber und Thomas Müller).

Das Jugendhaus des FC Bayern München.

Jugend-Abteilung

1995 hat der FC Bayern seine Jugend-Abteilung neu gestaltet und das „junior team" gegründet. Zum „junior team" gehören die 2. Mannschaft, die in der 4. Liga spielt, sowie elf Jugend-Mannschaften (von den F- bis zu den A-Junioren), die von insgesamt 26 Ausbildern betreut werden. Bei den Älteren (B- und A-Junioren) herrschen schon beinahe Profibedingungen: Sie trainieren sechsmal die Woche. Für die besten Talente, die nicht aus München kommen, gibt es auf dem Vereinsgelände an der Säbener Straße ein Jugendhaus mit Platz für bis zu 14 Spielern.

Diamantenauge ...

ist der Spitzname von „Tiger" Hermann Gerland. Er erwarb sich als Amateur- und Nachwuchstrainer des FC Bayern ab 1990 den Ruf, Talente rasch erkennen und erfolgreich fördern zu können. Gerland betreute zahlreiche Spieler, die später berühmt wurden, etwa Dietmar Hamann, Christian Nerlinger, Sammy Kuffour, Markus Babbel, Bastian Schweinsteiger und Philipp Lahm. Auch Thomas Müller und Holger Badstuber führte er an die Profimannschaft heran. Aber nicht alle Talente konnten sich gleich durchsetzen. Immer wieder liehen die Bayern junge Spieler aus (etwa Toni Kroos nach Leverkusen oder David Alaba nach Hoffenheim), wenn sie noch Zeit zum Reifen brauchten. Toni Kroos wurde nach seiner Rückkehr 2010 in den WM-Kader der Nationalmannschaft berufen, David Alaba hat inzwischen einen Stammplatz beim FC Bayern und in der österreichischen Nationalmannschaft.

„Diamantenauge" Hermann Gerland, hier mit Bastian Schweinsteiger, langjähriger Trainer der 2. Bayern-Mannschaft und Co-Trainer des Bundesliga-Teams.

Die einzigen „Ur-Bayern"

Am 10. Februar 2010, beim 6:2 im DFB-Pokalspiel gegen die SpVgg Greuther Fürth, gab der nach dem berühmten Maradona benannte Diego Armando Contento sein Debüt in der 1. Mannschaft des FC Bayern. Der Verteidiger ist nach Max Eberl, dem heutigen Manager von Borussia Mönchengladbach, erst der zweite Spieler seit 1965, der seine Karriere beim FC Bayern begonnen hat. Eberl war 1989 sogar Meister mit der B-Jugend des FC Bayern, machte dann aber im Trikot seines Heimatvereins später nur ein einziges Bundesligaspiel. Falls sich der „Ur-Bayer" Contento, der 1995 als Fünfjähriger zu den Bayern kam, endgültig durchsetzen kann, wird er eine große Ausnahme sein. Alle großen Bayern-Spieler haben ihre Karriere anderswo begonnen, heißen sie nun Beckenbauer (SC 1906 München), Gerd Müller (TSV 1861 Nördlingen), Thomas Müller (TSV Pähl), Maier (TSV Haar), Lahm (TV Gern München) oder Schweinsteiger (TSV 1860 Rosenheim).

„Ur-Bayer" Diego Contento

Jugend-Meisterschaften
Seit 1969 werden im Jugendfußball Deutsche Meisterschaften ausgespielt. Die Bayern gewannen den Titel bis 2013 mit den A-Junioren (17 bis 18 Jahre) dreimal, mit den B-Junioren viermal. In beiden Wettbewerben ist der VfB Stuttgart Rekordmeister (10 bzw. 6 Titel).

Juniorinnen
Die U17-Juniorinnen spielen in der Bundesliga Süd. Fünfmal konnte der weibliche Bayern-Nachwuchs das Endspiel um die Deutsche Meisterschaft erreichen, verlor aber dreimal (2000, 2006, 2008) gegen Turbine Potsdam und einmal (2007) gegen den FCR 2001 Duisburg. 2013 konnten sie das Endspiel gegen den FSV Gütersloh 3:1 gewinnen. Die U19, gleichzeitig das erste Reserveteam, spielt seit dem Aufstieg 2009 in der 2. Bundesliga Süd.

Ein langer Weg bis zur Anerkennung

Erste Frauenfußball-Mannschaften gab es in England schon vor 1900. Doch der Widerstand der Männer gegen Frauen, die öffentlich in kurzen Hosen herumliefen, verhinderte, dass der Frauenfußball sich rasch verbreiten konnte. Als einige Jahrzehnte später in Deutschland die ersten Frauen auf Fußballplätzen erschienen, war es nicht anders. Der Deutsche Fußball-Bund (DFB) verbot seinen Vereinen sogar, Frauenabteilungen zu gründen und Plätze für Frauenteams zur Verfügung zu stellen. Aber der Frauenfußball wurde immer beliebter, und so musste der DFB 1970 den Frauen offiziell das Fußballspielen erlauben. Im selben Jahr wurde auch die Frauenfußball-Abteilung des FC Bayern gegründet. Inzwischen ist der deutsche Frauenfußball allgemein anerkannt und erfolgreich. Die deutsche Frauen-Nationalmannschaft hat zwei Weltmeister- und acht Europameistertitel geholt. Und auch die Bayern-Frauen haben sich einen Namen gemacht.

Meisterschaft 1976 und Pokalsieg 2012

Der FC Bayern ist neben dem VfL Wolfsburg der einzige Verein, für den sowohl die Männer als auch die Frauen eine Deutsche Meisterschaft gewannen. Während allerdings die Männer einen Titel nach dem anderen sammeln, gelang das den Frauen trotz vier Finalteilnahmen nur ein einziges Mal. 1976 siegten sie im Endspiel um die Deutsche Meisterschaft gegen Tennis Borussia Berlin mit 4:2 nach Verlängerung.
Der FC Bayern ist darüber hinaus auch der einzige Verein, dessen Männer- und Frauenmannschaft gleichzeitig ins Finale um den DFB-Pokal vordrangen. Während es die Männer 2012 allerdings versäumten, in Berlin gegen Dortmund ihren 16. Titel zu holen, schafften es die Frauen wenige Stunden zuvor in Köln. Bei ihrer dritten Finalteilnahme

Riesenjubel! Die Bayern-Frauen sind DFB-Pokalsieger 2012!

nach 1988 und 1990 holten sie gegen die mit Nationalspielerinnen gespickte Spitzenmannschaft des 1. FFC Frankfurt erstmals den Pott! In der 63. Minute köpfte Sarah Hagen nach einem von Katharina Baunach perfekt getretenen Eckball zum 1:0 ein. In der Schlussminute gelang Ivana Rudelic nach einem Konter der Treffer zum 2:0-Endstand.

Am 29. Juni 2013 hatte Leonie Maier beim 4:2-Sieg der deutschen Frauen-Nationalmannschaft im Freundschaftsspiel gegen Weltmeister Japan in der Münchner Allianz Arena einen großen Auftritt. In der 17. Minute zog sie im Stil von Arjen Robben nach innen und traf mit einem satten Linksschuss ins Toreck. Bei der Zuschauerabstimmung der Sportschau *wurde der Treffer zum „Tor des Monats" gewählt. Die Superstars Neymar und Pirlo waren auch nominiert, landeten aber auf den Plätzen 2 und 3.*

In der Bundesliga gut dabei

Trotz des Meistertitels von 1976 und der Seriensiege bei den bayerischen Meisterschaften in den Anfangsjahren des Frauenfußballs – 19 bayerische Titel in Folge! – ist der Pokalsieg von 2012 sicherlich der schönste Erfolg der Bayern-Frauen. Auch in der seit 1990 bestehenden Frauen-Bundesliga haben sie sich nach einem zwischenzeitlichen Abstieg unter die besten Teams vorgekämpft. In der Saison 2008/09 verfehlten sie den 1. Platz nur um ein Tor und qualifizierten sich als Vizemeister erstmals für die UEFA Women's Champions League. Dort schafften sie es bis ins Achtelfinale. Auch 2013/14 zählten die Bayern-Frauen, die ihre Heimspiele im 3.000 Zuschauer fassenden Sportpark Aschheim austragen, zu den vier besten deutschen Vereinsteams.

Bekannte Spielerinnen

Berühmteste Spielerin des Meisterteams von 1976 war die 59-malige Nationalspielerin und spätere Trainerin **Sissy Raith**. Die National-Keeperin **Nadine Angerer** hütete von 1999 bis 2001 für zwei Spielzeiten das Tor des FC Bayern, bevor sie nach Potsdam wechselte. **Simone Laudehr,** die im WM-Finale von 2007 gegen Brasilien per Kopf den Endstand von 2:0 sicherstellte, kickte eine Spielzeit beim FC Bayern (2003/04). Zwei Jahre lang (2008-2010) trug die schussstarke Nationalspielerin **Melanie Behringer** das Trikot des FC Bayern. Stürmerin **Petra Wimbersky,** Welt- und Europameisterin, war gleich zweimal beim FCB (1999-2002 und 2010-2012). Zu den bekanntesten Spielerinnen des Kaders 2013/14 zählen die Außenverteidigerin **Leonie Maier** und die Mittelfeldspielerin **Lena Lotzen**. Beide gehörten im Juli 2013 bei der Europameisterschaft in Schweden zum Stamm der deutschen Elf, die mit einem 1:0 im Endspiel gegen Norwegen den Titel gewann. Mehrmals nominiert für die deutsche Frauen-Nationalmannschaft waren auch die Torfrau **Kathrin Längert** und die Abwehrspielerin **Katharina Baunach**. Die Mittelfeldspielerinnen **Sarah Romert** und **Jenny Gaugigl** kamen in den Auswahlteams der DFB-Juniorinnen zu zahlreichen Einsätzen.

Lexikon der Bayern-Trainer seit 1963

Beckenbauer, Franz (*11.9.1945). Der „Kaiser" hatte bereits einige Trainer-Stationen hinter sich (Olympique Marseille, Weltmeister mit der DFB-Elf 1990), als er auch bei den Bayern tätig wurde. Zweimal (1994 und 1996) übernahm er zum Saisonende das Training, und zweimal nahm er einen Titel mit (Deutscher Meister, UEFA-Pokalsieger).

Cajkovski, Zlatko (*24.11.1923 †27.7.1998). 1963 verpflichtete der damalige Zweitligist FC Bayern den kleinen, dicken und lustigen Jugoslawen Zlatko „Tschik" Cajkovski als Trainer. Der hatte erst ein Jahr zuvor den 1. FC Köln zur Deutschen Meisterschaft geführt. Unter der Regie des ehemaligen Weltklassespielers, der kaum Deutsch konnte („Bin ich nix Lehrer für Deutsch, sondern für Futball") begann der kometenhafte Aufstieg des Klubs: Bundesliga-Aufstieg 1965, DFB-Pokalsieg 1966 und 1967, Europapokal der Pokalsieger 1967.

Cramer, Dettmar (*4.4.1925). Mit Dettmar Cramer errang der FC Bayern ausschließlich internationale Erfolge: Europapokal der Landesmeister 1975 und 1976, Weltpokal 1976. Für viele Experten war der kluge „Fußballprofessor" der „größte Theoretiker" unter den Trainern. Vor und nach seiner Zeit in München war Cramer in unzähligen Ländern als Trainer unterwegs.

Csernai, Pal (*21.10.1932). Als „Mann mit dem seidenen Halstuch" und Erfinder des „Pal-Systems" (womit die damals noch ungewöhnliche Raumdeckung gemeint war) ist der ehemalige Assistent von Gyula Lorant in die Bundesligageschichte eingegangen. Seine Erfolge: Deutscher Meister 1980 und 1981, DFB-Pokalsieger 1983, Finale des Europapokals der Landesmeister 1982.

Guardiola, Josep (*18.1.1971). Größter Triumph des exzellenten Mittelfeldspielers war der Gewinn des Europapokals der Landesmeister 1992 mit dem damals von Johan Cruyff trainierten FC Barcelona. Von 2008 bis 2012 machte er Barça dann als Trainer zur besten Mannschaft Europas. Perfektes Kurzpassspiel und blitzschnelle Balleroberung wurden zum Markenzeichen des Teams, das in dieser Zeit 14 von 19 möglichen Titeln eroberte, darunter zweimal den in der „Königsklasse", der Champions League. Zum 1. Juli 2013 übernahm er nach einem Pausenjahr in New York das Training in München. Mit einer Rekordmeisterschaft und dem Gewinn des Doubles schloss er sofort an die Erfolge von Jupp Heynckes an.

Trat 2013 als Erfolgstrainer ab: Jupp Heynckes.

Heynckes, Jupp (*9.5.1945). 1987 verpflichtete Uli Hoeneß Jupp Heynckes als Nachfolger von Udo Lattek. Heynckes war zuvor als Spieler und Trainer bei Borussia Mönchengladbach erfolgreich gewesen. Er leistete auf nationaler Ebene tolle Arbeit (zweimal Meister, zweimal Vizemeister), scheiterte aber in den europäischen Wettbewerben zwischen 1989 und 1991 dreimal hintereinander im Halbfinale. Als es in der Saison 1991/92 immer weiter bergab ging, wurde er von seinem Freund Uli Hoeneß schweren Herzens entlassen. 2009 hatte er einen Kurz-Aufenthalt in München als Ersatzmann des gefeuerten Jürgen Klinsmann. Zur Saison 2011/12 ist er nun wieder da und soll den FCB als „Fußballlehrer alter Schule" zu neuen Erfolgen führen. Nach 23 Jahren Pause wurde Jupp Heynckes 2013 wieder Deutscher Meister. Es war sein dritter Titel in der Bundesliga nach 1989 und 1990 mit dem FC Bayern München. Dazu gewann er 2013 auch noch erstmals den DFB-Pokal sowie die Champions League. Kein Wunder also, dass Heynckes im Januar 2014 von der FIFA als weltbester Trainer ausgezeichnet wurde. Sieger in der Champions League und im Weltpokal war er bereits 1998 mit Real Madrid. Mit 68 Jahren hält er zudem den Bundesliga-Rekord als ältester Meistertrainer.

Hitzfeld, Ottmar (*12.1.1949). Der Erfolgstrainer von Borussia Dortmund (zweimal Meister, einmal Champions-League-Sieger) löste zur Saison 1998/99 Giovanni Trapattoni ab. Ottmar Hitzfeld schaffte es so gut wie keiner seiner Vorgänger, die als „untrainierbar" geltenden Bayern sportlich zu lenken und zu Erfolgen zu führen: Deutsche Meisterschaft 1999, 2000, 2001, 2003, DFB-Pokalsieg 2000, 2003, Champions-League-Sieg 2001, Weltpokalsieg 2001. Nach der trophäenlosen Saison 2003/04 hieß es dann jedoch plötzlich, er sei im Umgang mit den Profis „zu sanft". Hitzfeld machte dem „harten" Felix Magath Platz, kehrte aber am 31. Januar 2007 wieder zurück. Er war national erneut erfolgreich und erreichte mit den Bayern 2008 sein drittes „Double".

Klinsmann, Jürgen (*30.7.1964). Der ehemalige Klassestürmer und Teamchef der deutschen Nationalmannschaft startete mit vielen Ideen in die Saison 2008/09, scheiterte aber in der Praxis. Wegen Erfolglosigkeit wurde er vorzeitig entlassen.

Lattek, Udo (*16.1.1935). Der bis dahin ziemlich unbekannte DFB-Trainer, der im März 1970 Branko Zebec ablöste, hatte sein Engagement Franz Beckenbauer zu verdanken. Der hatte ihn als Assistenten von Bundestrainer Helmut Schön kennen- und schätzen gelernt. Unter Lattek, der die Mannschaft besonders gut motivieren konnte, startete der FC Bayern zu seiner erfolgreichsten Zeit. Nach seiner ersten Amtsperiode (bis 1975) kehrte der Erfolgstrainer 1983 noch einmal zurück. Unter Latteks Regie gewann der FC Bayern sechs Deutsche Meisterschaften (1972-74, 1985-87), dreimal den DFB-Pokal (1971, 1984, 1986) sowie einmal den Europapokal der Landesmeister (1974).

Magath, Felix (*26.7.1953). Der technisch begnadete Ex-Nationalspieler hatte sich bereits zu Beginn seiner Trainerkarriere einen Ruf als besonders harter Chef erworben („Qualität kommt von Qual"). Ab 2004 sorgte der leidenschaftliche Schachspieler bei den Bayern für Ordnung und Disziplin. Er erreichte 2005 und 2006 als erster Trainer überhaupt zweimal hintereinander das „Double", konnte aber auf der internationalen Bühne wenig bewegen und zudem die Sehnsucht nach schönem (und nicht nur erfolgreichem) Fußball nicht befriedigen.

Rehhagel, Otto (*9.8.1938). Mit dem SV Werder Bremen war Rehhagel lange Jahre ein erfolgreicher Hauptkonkurrent der Bayern, als Trainer der Bayern aber konnte er sich nicht durchsetzen. Trotz starker Sprüche („Jeder kann sagen, was ich will") und obwohl seine Mannschaft auf Platz zwei stand, wurde er noch vor Ablauf der Saison 1995/96 entlassen. Nach seinem Weggang schaffte er mit Kaiserslautern den Aufstieg und anschließend mit dem direkten Durchmarsch zum Meistertitel eine Sensation; dem folgte 2004 als Nationaltrainer Griechenlands der ebenso sensationelle Gewinn des EM-Titels.

Ribbeck, Erich (*13.6.1937). Der langjährige Bundesliga-Trainer (größter Erfolg: UEFA-Pokal 1988 mit Leverkusen) war bereits im Ruhestand, als er im März 1992 auf die Münchner Trainerbank gerufen wurde, um die damalige Bayern-Krise zu beenden. Im Dezember 1993 wurde er, obwohl er auf Platz zwei stand, von Beckenbauer abgelöst, der dann noch die Meisterschaft einfuhr. Ribbeck war danach auch in Leverkusen und als Teamchef der Nationalelf nicht mehr erfolgreich.

Trapattoni, Giovanni (*17.3.1939). Der Gentleman aus Italien kam 1994 als erfolgreichster Trainer der Welt (17 Titel!) zum FC Bayern. Er kam aber in München wegen seiner Sprachprobleme zunächst nicht gut zurecht. Nach dem missglückten Versuch mit Otto Rehhagel wurde er 1996 zum zweiten Mal engagiert, und nun erreichte er auch einen Meistertitel. Die Kritik an ihm wollte trotzdem nicht verstummen, weil er meist einen unattraktiven Sicherheitsfußball spielen ließ.

Pep Guardiola

Van Gaal, Louis (*8.8.1951). Der Niederländer trainierte unter anderen Ajax Amsterdam, den FC Barcelona und die Nationalmannschaft der Niederlande. Seine Titelliste ist lang, mit Ajax gewann er 1995 sogar die Champions League. Das wäre ihm 2010 beinahe auch mit dem FC Bayern gelungen. Nach dem Gewinn von Deutscher Meisterschaft und DFB-Pokal scheiterte seine Mannschaft in der Champions League nur knapp (0:2 im Finale gegen Inter Mailand). Nach Misserfolgen in allen Wettbewerben und vielen Streitereien wurde er am 10. April 2011 entlassen.

Zebec, Branko (*17.5.1929 †26.9.1988). Als der jugoslawische Rekordnationalspieler 1968 zu den Bayern kam, war er als Trainer noch nicht so erfahren. In die Amtszeit des sehr strengen Trainers fielen aber die erste Bundesliga-Meisterschaft für den FC Bayern und ein Erfolg im DFB-Pokal. Nach seiner Entlassung in München war er mit dem Hamburger SV erfolgreich, wo er unter anderem den späteren Bayern-Trainer Felix Magath formte.

Ottmar Hitzfeld nimmt nach dem Gewinn der Deutschen Meisterschaft 2008 unter Tränen seinen Abschied als Bayern-Trainer.

Liste der Bayern-Trainer in zeitlicher Reihenfolge seit 1963

Zlatko Čajkovski (1963-68)
Branko Zebec (1968-70)*
Udo Lattek (1970-75)*
Dettmar Cramer (1975-78)*
Gyula Lorant (1978/79)*
Pal Csernai (1979-83)*
Reinhard Saftig (1983)
Udo Lattek (1983-87)
Jupp Heynckes (1987-1991)*
Sören Lerby (1991/92)*
Erich Ribbeck (1992-94)*
Franz Beckenbauer (1994)
Giovanni Trapattoni (1994/95)
Otto Rehhagel (1995/96)*
Franz Beckenbauer (1996)
Giovanni Trapattoni (1996-98)
Ottmar Hitzfeld (1998-2004)
Felix Magath (2004-07)
Ottmar Hitzfeld (2007/08)
Jürgen Klinsmann (2008/09)*
Jupp Heynckes (2009)
Louis van Gaal (2009-2011)*
Jupp Heynckes (2011-2013)
Josep Guardiola (seit 2013)

*= vor Saisonende abgelöst

BAYERN-SPIELER

Die beste Bayern-Elf aller Zeiten

Im Rahmen des Eröffnungsspiels in der Allianz Arena im Jahr 2005 präsentierte der FC Bayern die von den Fans gewählte Elf der besten Bayern-Spieler: Sepp Maier – Klaus Augenthaler, Georg „Katsche" Schwarzenbeck, Franz Beckenbauer, Paul Breitner – Stefan Effenberg, Lothar Matthäus, Mehmet Scholl – Giovane Elber, Gerd Müller, Karl-Heinz Rummenigge.

Josef Bergmaier

Enorm zielstrebig: Torjäger Mario Gomez.

Lexikon der Bayern-Spieler (Auswahl)

(Stand: 17.5.2014)

Abkürzungen: DFB = Pokalsieg, DM = Deutsche Meisterschaft, CL = Champions League/Landesmeister-Cup, UEFA = UEFA-Cup, PS = Pokalsieger-Cup. In Klammern: Zeitraum bei Bayern (zum Teil mit Unterbrechungen), Bundesligaspiele/Tore.
Spiele in der Oberliga (OL).

A

Alaba, David (*24.6.1992), kleiner Österreicher mit Riesentalent (2009-14, 86/7) 3 x DM, 3 x DFB, 1 x CL
Altintop, Hamit (*8.12.1982), türkischer Nationalspieler mit Kämpferherz (2007-11, 63/7)). 2 x DM, 1 x DFB
Andersson, Patrick (*18.8.1971), zeitweise Chef der Bayern-Defensive (1999-01, 38/11). 1 x DFB, 2 x DM, 1 x CL
Augenthaler, Klaus (*26.9.1957), grantiger Beckenbauer-Nachfolger (1977-91, 404/52). 3 x DFB, 7 x DM
Aumann, Raimond (*12.10.1963), der Dschungelbuch-Bär („Balu") im Tor (1984-94, 216). 6 x DM

B

Babbel, Markus (*8.9.1972), kopfballstarker echter Bayer in der Abwehr (1991-99, 154/8). 1 x DFB, 2 x DM, 1 x UEFA
Badstuber, Holger (*13.3.1989), Innenverteidiger mit tollem Passspiel (2009-14, 101/1) 3 x DM, 3 x DFB, 1 x CL
Ballack, Michael (*26.9.1976), weltweit torgefährlichster Mittelfeldspieler (2002-06, 107/44). 3 x DFB, 1 x DM
Basler, Mario (*18.12.1968), lauffaules Schuss- und Freistoß-Genie (1996-00, 78/18). 1 x DFB, 2 x DM
Bauer, Hans (*28.7.1927), ein „Sonnyboy" und Linksverteidiger (1948-59, OL: 226/3)
Beckenbauer, Franz (*11.9.1945), Libero und Fußball-„Kaiser" (1965-77, 396/44). 4 x DFB, 4 x DM, 3 x CL, 1 x PS
Bender, Manfred (*24.5.1966), Mittelfeldspieler und Freistoßspezialist (1989-92, 77/9). 1 x DM
Bergmaier, Josef (*5.3.1909 †5.3.1943), dribbelfreudiger Rechtsaußen (1929-38). 1 x DM
Boateng, Jerome (*3.9.1988). Deutscher Nationalverteidiger mit Vater aus Ghana (2011-14, 88/3). 3 x DM, 2 x DFB, 1 x CL
Brehme, Andreas (*9.11.1960), Außenverteidiger, mit beiden Füßen stark (1986-88, 59/7). 1 x DM
Breitner, Paul (*5.9.1951), Passgeber mit scharfer Zunge (1970-83, 255/83). 1 x DFB, 5 x DM, 1 x CL
Brenninger, Dieter (*16.2.1944), Linksaußen aus Altenerding (1962-71, BL: 190/59) 4 x DFB, 1 x DM, 1 x PS

C

Contento, Diego Armando (*1.5.1990) Abwehrtalent mit berühmtem Vornamen (2009-14, 49/0) 2 x DM, 3 x DFB, 1 x CL

D

Dante (*18.10.1983). Souveräner brasilianischer Abwehrchef mit Afro-Wuschelkopf (2012-14, 58/3). 2 x DM, 2 x DFB, 1 x CL
Deisler, Sebastian (*5.1.1980), Großtalent mit kurzer Karriere (2002-07, 62/8). 3 x DFB, 3 x DM
Del'Haye, Karl (*18.8.1955), Außenstürmer, auf der Ersatzbank verkümmert (1980-84, 74/7). 2 x DFB, 1 x DM
Demichelis, Martín (*20.12.1980), Innenverteidiger aus Argentinien (2003-10, 174/13). 4 x DM, 4 x DFB
Dorfner, Hans (*3.7.1965), ballsicherer Regisseur aus Undorf (1986-91, 111/16). 3 x DM
Dremmler, Wolfgang (*12.7.1954), „Wasserträger" von Paul Breitner (1979-86, 172/6). 3 x DFB, 4 x DM
Dürnberger, Bernd (*17.9.1953), laufstarker Mittelfeldspieler (1972-85, 375/38). 2 x DFB, 5 x DM, 3 x CL

E

Eder, Norbert (*7.11.1955), beinharter Manndecker aus Bibergau (1984-88, 132/6). 1 x DFB, 3 x DM
Effenberg, Stefan (*2.8.1968), „Cheffe" mit großer Schnauze (1990-02, 160/35). 2 x DFB, 3 x DM, 1 x CL
Elber, Giovane (*23.7.1972), brasilianischer Torjäger und Jubler (1997-03, 169/92) 3 x DFB, 4 x DM, 1 x CL

F

Fink, Thorsten (*29.10.1967), mannschaftsdienlicher Mittelfeldspieler (1997-03, 149/4). 3 x DFB, 4 x DM, 1 x CL
Flick, Hans-Dieter (*24.2.1965), eher unauffälliger Mittelfeldspieler (1985-90, 104/6). 1 x DFB, 3 x DM

G

Gablonsky, Max (*1.1.1890 †16.7.1969), Stammkraft auf Rechtsaußen (bis 1922 500 Spiele)
Giesemann, Willi (*2.9.1937), klasse Abwehrspieler in der Oberliga (1959-63, OL: 114/13)
Goldbrunner, Ludwig (*5.3.1908 †26.9.1981), Stopper von Extraklasse, Kapitän 1937 - 1941. 1 x DM
Gomez, Mario (*10.7.1985), mit 35 Mio. Euro Ablöse teuerster Bayern-Stürmer (2009-13, 115/75). 2 x DM, 2 x DFB, 1 x CL
Götze, Mario (*3.6.1992). Deutsches Supertalent, wird oft als „falsche Neun" eingesetzt (2013/14, 27/10). 1 x DM, 1 x DFB
Grahammer, Roland (*3.11.1963), talentierter Außenverteidiger (1988-93, 102/2). 2 x DM

Ludwig Hofmann

Grosser, Peter (*28.9.1938), hervorragender Techniker in der Oberliga (1958-63, OL: 134/65)

Gustavo, Luiz (*23.7.1987). Vielseitiger Defensiv-Brasilianer aus Pindamonhangaba (2011-13, 64/6). 1 x DM, 1 x DFB, 1 x CL

H

Hamann, Dietmar (*27.8.1973), Stammspieler im rechten Mittelfeld (1993-98, 106/6). 2 x DM, 1 x UEFA

Hansen, Johnny (*14.11.1943), zuverlässiger dänischer Verteidiger (1969-76, 164/7). 1 x DFB, 3 x DM, 3 x CL

Hargreaves, Owen (*20.1.1981), britischer Mittelfeld-Dampfmacher (2000-07, 145/5). 3 x DFB, 4 x DM, 1 x CL

Haringer, Sigmund (*9.12.1908 †23.2.1975), Abwehrspieler in der Meisterelf von 1932. 1 x DM

Heidkamp, Conrad (*27.9.1905 †6.3.1994), Kapitän der Meistermannschaft von 1932. 1 x DM

Helmer, Thomas (*21.4.1965), Defensivspieler und Spielführer (1992-99, 191/24). 1x DFB, 3x DM, 1 x UEFA

Hoeneß, Dieter (*7.1.1953), kopfballstarker und tapferer Sturmtank (1979-87, 224/102). 3 x DFB, 5 x DM

Hoeneß, Uli (*5.1.1952), pfeilschneller, konterstarker Stürmer (1970-79, 239/86). 1 x DFB, 3 x DM, 3 x CL

Hofmann, Ludwig (*9.6.1900 †2.10.1935), technisch starker Linksaußen in den 1920er Jahren

Horsmann, Udo (*30.3.1952), unspektakulärer Abwehrspieler (1975-83, 242/20). 1 x DFB, 2 x DM, 1 x CL

IJ

Jancker, Carsten (*28.8.1974), glatzköpfiger Stürmer-Bulle (1996-02, 143/48). 2 x DFB, 4 x DM, 1 x CL

Jeremies, Jens (*5.3.1974), bissiger Staubsauger vor der Abwehr (1998-06, 163/6). 4 x DFB, 6 x DM, 1 x CL

Jorginho (*17.8.1964), spielstarker Außenverteidiger aus Brasilien (1992-94, 67/5). 1 x DM

Junghans, Walter (*26.10.1958), glückloser Nachfolger von Sepp Maier (1978-82, 67). 1 x DFB, 2 x DM

K

Kahn, Oliver (*15.6.1969), weltbester Torwart-Titan mit Wutanfällen (1994-08, 429). 6 x DFB, 8 x DM, 1 x CL

Kapellmann, Jupp (*19.12.1949), Medizinstudent, schnell und klug (1973-79, 165/17). 1 x DM, 3 x CL

Klinsmann, Jürgen (*30.7.1964), schwäbischer Torjäger, dauerlächelnd (1995-97, 65/31). 1 x DM, 1 x PS

Klose, Miroslav (*9.6.1978), kopfballstarker Purzelbaum-Torjäger (2007-11, 98/24). 2 x DM, 2 x DFB

Kögl, Ludwig (*7.3.1966), schneller Dribbler und Liebling der Fans (1984-90, 149/8). 1 x DFB, 5 x DM

Kohler, Jürgen (*6.10.1965), einst teuerster Bayern-Manndecker (1989-91, 55/6). 1 x DM

Koulmann, Dieter (*4.12.1939), Mittelfeldspieler beim Bayern-Aufstieg (1965-68, 77/12). 2 x DFB, 1 x PS

Kovac, Robert (*6.4.1974), zweikampfstarker Abwehrspieler aus Kroatien (2001-05, 94/0). 2 x DFB, 2 x DM

Samuel Kuffour

Kraus, Wolfgang (*20.8.1953), fleißige „Arbeitsbiene" im Mittelfeld (1979-84, 138/17). 2 x DFB, 2 x DM

Kreuzer, Oliver (*13.11.1965), Stammspieler in der Innenverteidigung (1991-97, 282/14). 2 x DM, 1 x UEFA

Kroos, Toni (*4.1.1990), Spielmacher-Typ, stark am Ball. (2007-14, 130/13). 3 x DM, 3 x DFB, 1 x CL

Krumm, Franz (*16.10.1909 †9.3.1943), torgefährlicher Techniker im Meisterteam von 1932. 1 x DM

Kuffour, Samuel (*3.9.1976), hartes Abwehr-Ass aus Ghana (1994-2005, 175/7). 3 x DFB, 6 x DM, 1 x CL

Kunstwadl, Adolf (*8.2.1940), kräftiger Abwehrspieler in Ober-, Regional- und Bundesliga

Kupferschmidt, Peter (*2.3.1942), manchmal nervöser Verteidiger (1965-70. 135/4). 3 x DFB, 1 x DM, 1 x PS

Kutterer, Emil (*11.11.1898 †13.7.1974), furchtloser Linksverteidiger in den 1920er Jahren

Seine Treffer bejubelte Miroslav Klose gerne mal mit einem Salto.

Bundesliga-Torschützenkönige des FCB
Gerd Müller (1967, 1969, 1970, 1972, 1973, 1974, 1978)
Karl-Heinz Rummenigge (1980, 1981, 1984)
Roland Wohlfarth (1989, 1991)
Giovane Elber (2003)
Luca Toni (2008)
Mario Gomez (2011)

L

Labbadia, Bruno (*8.2.1966), Mittelstürmer mit kleinem Wendekreis (1991-94, 82/28). 1 x DM
Lahm, Philipp (*11.11.1983), Klassemann auf der Außenbahn (2005-14, 260/8). 5 x DM, 5 x DFB, 1 x CL

Bixente Lizarazu

Laudrup, Brian (*22.2.1969), kurzbeiniger Dribbler, Europameister mit Dänemark (1990-92, 53/11)
Lerby, Sören (*1.2.1958), toller dänischer Mittelfeld-Regisseur (1983-86, 89/22). 2 x DFB, 2 x DM
Lewandowski, Robert (*21.8.1988). Polnischer Superstürmer, kam 2014 ablösefrei von Borussia Dortmund.
Linke, Thomas (*26.12.1969), extrem zuverlässiger Abwehrspieler (1998-05, 165/2). 3 x DFB, 5 x DM, 1 x CL
Lizarazu, Bixente (*9.12.1969), kleiner Baske, super Linksverteidiger (1997-06, 182/7). 5 x DFB, 6 x DM, 1 x CL
Lúcio (*8.5.1978), wuchtiger und offensiver Innenverteidiger aus Brasilien (2004-09, 144/7). 3 x DFB, 3 x DM

Alte Sammelkarte von Josef Pöttinger.

M

Mai, Karl (*27.7.1928 †15.3.1993), kam als Weltmeister aus Fürth (1958-61, OL: 67/2)
Maier, Sepp (*28.2.1944), lustige und enorm fangsichere Torwartkatze (1965-79, 473). 4 x DFB, 4 x DM, 3 x CL, 1 x PS
Makaay, Roy (*9.3.1975), niederländischer Torjäger mit toller Trefferquote (2003-07, 129/78). 2 x DFB, 2 x DM
Mandzukic, Mario (*21.5 1986). Lauf-, kampf- und kopfballstarke Nummer 9 aus Kroatien (2012-14, 54/33). 2 x DM, 2 x DFB, 1 x CL
Martinez, Javier (*2.9.1988). Enorm teurer, aber bissiger und spielstarker Spanier (2012-14, 45/3). 2 x DM, 2 x DFB, 1 x CL
Mathy, Reinhold (*12.4.1962), blieb ein Mittelfeld-Dauertalent (1980-87, 100/21). 3 x DFB, 4 x DM
Matthäus, Lothar (*21.3.1961), Regisseur, Dauerredner, Weltfußballer (1984-88, 1992-00, 302/85). 2 x DFB, 6 x DM, 1 x UEFA
Moll, Herbert (*13.12.1916 †10.2.2002), fairer Mittelfeldspieler mit Stil, von 1935 bis 1951 am Ball
Mrosko, Karl-Heinz (*11.10.1946), langhaariger Student im Mittelfeld (1969-71, 50/13). 1 x DFB
Müller, Gerd (*3.11.1945), allerbester Torjäger aller Zeiten (1965-79, 427/365). 4 x DFB, 4 x DM, 3 x CL, 1 x PS
Müller, Thomas (*13.9.1989), junger Stürmer mit Tordrang wie der „alte" Müller (2009-14, 165/58). 3 x DM, 3 x DFB, 1 x CL

N

Nachtweih, Norbert (*4.6.1957), Klasseverteidiger aus der damaligen DDR (1982-89, 202/20)). 2 x DFB, 4 x DM
Nafziger, Rudolf (*11.8.1945), Superdribbler und Mädchenschwarm (1964-68, 116/10).). 2 x DFB, 1 x PS
Nagelschmitz, Ernst (*1.5.1902 †23.5.1987), Könner, der von 1920 bis 1937 am Ball war. 1 x DM
Nerlinger, Christian (*21.3.1973), fleißiger Arbeiter im Mittelfeld (1993-98, 156/27). 2 x DM, 1 x UEFA
Neuer, Manuel (*27.3.1986). Die unangefochtene Nummer 1 im deutschen Tor (2011-14, 95/0). 2 x DM, 2 x DFB, 1 x CL
Niedermayer, Kurt (*25.11.1955), beständiger Defensivspieler (1977-82, 145/32). 1 x DFB, 3 x DM

O

Oblak, Branko (*27.5.1947), jugoslawischer Mittelfeldregisseur, gut am Ball (1977-80, 71/5). 1 x DM
Ohlhauser, Rainer (*6.1.1941), toller Torjäger, 207 Tore in 329 Spielen (160/64). 3 x DFB, 1 x DM, 1 x PS
Olic, Ivica (*14.9.1979), Kampfmaschine aus Kroatien, kam vom HSV (2009-12, 55/13). 1 x DM, 1 x DFB
Olk, Werner (*18.1.1938), Kapitän und Abwehrspieler, gelernter Ingenieur (1960-70, 144/2). 3 x DFB, 1 x DM, 1 x PS

P

Pfaff, Jean-Marie (*4.12.1953), Torwart aus Belgien, Liebling der Fans (1982-88, 156). 2 x DFB, 3 x DM
Pflügler, Hans (*27.3.1960), kaum zu überwindender Verteidiger (1981-1992/95, 277/36). 3 x DFB, 5 x DM
Pizarro, Claudio (*3.10.1978), die torgefährlichste „Pizza" aus Peru (2001-07, 2012-14, 211/87). 5 x DM, 5 x DFB, 1 x CL
Podolski, Lukas (*4.6.1985), in der Nationalelf Torjäger, bei Bayern nicht (2006-09, 71/15). 1 x DFB, 1 x DM
Pöttinger, Josef (*16.4.1903 †9.9.1970), Ballstreichler aus München-Neuhausen, 1921-1932.

R

Rafinha (*7.9.1985). Kleiner giftiger Außenverteidiger aus Brasilien (2011-14, 65/2). 2 x DM, 2 x DFB, 1 x CL
Reuter, Stefan (*16.10.1966), sehr schneller Mittelfeldspieler aus Dinkelsbühl (1988-91, 95/4). 2 x DM
Ribéry, Franck (*7.4.1983), fast unaufhaltsamer Wirbler aus Frankreich (2007-14, 168/63). 4 x DM, 4 x DFB, 1 x CL
Rizzitelli, Ruggiero (*2.9.1967), erster Stürmer-Italiener im Bayern-Trikot (1996-98, 45/11). 1 x DFB, 1 x DM
Robben, Arjen (*23.1.1984), kann dem Gegner Knoten in die Beine dribbeln (2009-14, 106/56). 3 x DM, 3 x DFB, 1 x CL
Rohr, Oskar (*24.4.1912 †8.11.1988), Torjäger des ersten Bayern-Meisterteams, 1930-32. 1 x DM

Der kleine Michael Rummenigge wusste schon als 16-jähriger B-Jugend-Spieler, dass er einmal Profi werden wollte wie sein berühmter Bruder Karl-Heinz.

Roth, Franz (*27.4.1946), bulliger Antreiber mit mächtigem Schuss (1966-78, 322/72). 2 x DFB, 4 x DM, 3 x CL, 1 x PS
Rummenigge, Karl-Heinz (*22.9.1955), bester Torjäger nach Gerd Müller (1974-84, 310/162). 2 x DFB, 2 x DM
Rummenigge, Michael (*3.2.1964), torgefährlicher Mittelfeldspieler (1982-88, 152/45). 2 x DFB, 3 x DM

S

Sagnol, Willy (*18.3.1977), französischer Weltklasse-Außenverteidiger (2000-09, 184/7). 4 x DFB, 5 x DM, 1 x CL

Willy Sagnol

Salihamidzic, Hasan (*1.1.1977), unaufhörlich rackerndes Bürschchen (1998-07, 234/30). 4 x DFB, 6 x DM, 1 x CL
Santa Cruz, Roque (*16.8.1981), Teenie-Schwarm, Dauer-Stürmertalent (1999-07, 155/31). 4 x DFB, 5 x DM, 1 x CL
Scholl, Mehmet (*16.10.1970), Ballstreichler, Liebling der Fans (1992-07, 334/86). 5 x DFB, 8 x DM, 1 x CL, 1 x UEFA
Schupp, Markus (*7.1.1966), eher unauffälliger Kicker aus Kaiserslautern (1992-95, 91/12). 1 x DM
Schwabl, Manfred (*18.4.1966), Dauer-Wechsler Nürnberg-München (1984-93, 110/7). 1 x DFB, 3 x DM
Schwarzenbeck, Georg (*3.4.1948), super-zuverlässiger Vorstopper (1966-80, 416/21). 3 x DFB, 5 x DM, 3 x CL,1 x PS
Schweinsteiger, Bastian (*1.8.1984), frecher Trickser aus Kolbermoor (2002-14, 322/40). 7 x DM, 7 x DFB, 1 x CL
Sergio, Paulo (*2.6.1969), sehr gläubiger, brasilianischer Offensivspieler (1999-02, 77/21). 1 x DFB, 2 x DM, 1 x CL
Shaqiri, Xherdan (*10.10.1991). Kosovo-albanischer Dribbel-Mops mit Schweizer Pass (2012-14, 43/10). 2 x DM, 2 x DFB, 1 x CL
Siedl, Gerhard (*22.3.1929 †9.5.1998), ausgezeichneter Stürmer in den 1950er Jahren (OL: 132/35)
Simetsreiter, Wilhelm (*6.3.1915 †17.7.2001), toller Bayern-Stürmer bis zur Oberligazeit (1934-47)
Sternkopf, Michael (*21.4.1970), „ewiges" Talent aus Karlsruhe, langhaarig (1990-95, 94/4). 1 x DM
Streitle, Jakob (*11.12.1916 †24.6.1982), von 1935 bis 1955 Abwehrchef (OL: 214/1)
Strunz, Thomas (*25.4.1968), Defensivspieler, zeitweise in Stuttgart (1989-01, 235/24). 2 x DFB, 5 x DM, 1 x CL, 1 x UEFA

T

Tarnat, Michael (*27.10.1969), Defensivspieler auf links, harter Schuss (1997-03, 122/8). 3 x DFB, 4 x DM, 1 x CL
Thiago (Alcántara do Nascimento) (*11.4.1991). Vom FC Barcelona verpflichteter spanisch-brasilianischer Supertechniker (2013/14, 16/2). 1 x DM, 1 x DFB
Thon, Olaf (*1.5.1966), Straßenfußballer im Mittelfeld, kam von Schalke (1988-94,148/30). 3 x DM
Toni, Luca (*26.5.1977), italienischer Torjäger, Weltmeister, Schönling (2007-09, 60/38). 1 x DM, 1 x DFB
Torstensson, Conny (*28.8.1949), schwedischer Stürmer mit roten Schuhen (1973-77, 81/11). 1 x DM, 3 x CL
Tymoshchuk, Anatoliy (*30.3.1979), blonder, ukrainischer Abräumer vor der Abwehr (2009-13, 86/4). 2 x DM, 2 x DFB, 1 x CL

V

Van Bommel, Mark (*22.4.1977), giftiger Antreiber aus den Niederlanden (2006-11, 123/11). 2 x DM, 2 x DFB
Van Buyten, Daniel (*7.2.1978), Fels („The Rock") in der Bayern-Abwehr (2006-14, 158/20). 4 x DM, 4 x DFB, 1 x CL

W

Wegmann, Jürgen (*31.3.1964), Stürmer, der giftig wie eine Kobra sein wollte (1987-89, 58/26). 1 x DM
Weiner, Hans (*29.11.1950), der defensiv stets verlässliche „Hanne" aus Berlin (1979-82, 91/2). 2 x DM
Welker, Hans (*21.8.1907 †24.7.1968), Außenstürmer aus der Bayern-Jugend, Meister 1932. 1 x DM
Witeczek, Marcel (*18.10.68), flexibler und lauffreudiger Ergänzungsspieler (1993-97, 97/9). 2 x DM, 1 x UEFA
Wohlfarth, Roland (*11.1.1963), neun Jahre lang treffsicherer Torjäger (1984-93, 254/119). 1 x DFB, 5 x DM
Wouters, Jan (*17.7.1960), harter, erfahrener Defensivspieler aus den Niederlanden (1991-93, 66/6)

Z

Zé Roberto (*6.7.1974), zarter und eleganter Ballzauberer aus Brasilien (2002-09, 169/14). 4 x DFB, 4 x DM
Zickler, Alexander (*28.2.1974), Stürmer mit Zehnkämpfer-Figur (1993-05, 213/51). 3 x DFB, 7 x DM, 1 x CL, 1 x UEFA
Ziege, Christian (*1.2.1972), Mittelfeldspieler mit Drang zum Tor (1990-97, 185/37). 2 x DM, 1 x UEFA
Zobel, Rainer (*3.11.1948), Dauerläufer im Erfolgsteam der 1970er Jahre (1970-76, 180/19). 1 x DFB, 3 x DM, 3 x CL

Luca Toni

Rekordspieler
Die meisten Spiele für den FC Bayern bestritten
in der Bundesliga: Sepp Maier (473), Oliver Kahn (429), Gerd Müller (427), Georg Schwarzenbeck (416), Klaus Augenthaler (404), Franz Beckenbauer (396), Bernd Dürnberger (375), Mehmet Scholl (334), Franz Roth (322), Karl-Heinz Rummenigge (310), Lothar Matthäus (302), Bastian Schweinsteiger (299).
In der Oberliga: Hans Bauer (226), Thomas Mayer (163), Jakob Streitle (160).
Im Europapokal: Oliver Kahn (130), Klaus Augenthaler, Bastian Schweinsteiger (89), Mehmet Scholl, Hasan Salihamidzic (88), Sepp Maier, Bernd Dürnberger (78), Philipp Lahm (77), Gerd Müller, Samuel Kuffour (74), Franz Beckenbauer (71), Georg Schwarzenbeck (70).

WIE WERDE ICH BAYERN-PROFI?

Viele junge Fußballer haben den Traum, einmal Profi beim FC Bayern München zu werden. Doch der Weg dorthin ist lang und schwierig. Nur ganz wenige schaffen es, einmal in der Bundesliga und der Champions League das berühmte rote Trikot zu tragen. Viele erfolgreiche Profis, unter ihnen auch Philipp Lahm und Bastian Schweinsteiger, haben schon als Jugendspieler beim FC Bayern gekickt. Die Bayern-Jugend ist auch heute ein guter Beginn. Da aber alle Jugendmannschaften des FCB in der jeweils höchsten Klasse spielen, schaffen nur die allerbesten Kids direkt den Sprung in eines dieser Teams.

Die beste Möglichkeit, auf sich aufmerksam zu machen, bieten die alljährlich stattfindenden TALENT-Tage. Infos zur schriftlichen Bewerbung gibt es unter www.fcbayern.telekom.de/de/mannschaften/junior/info. (Bitte beachten: Wegen der großen Nachfrage können nicht alle Bewerber berücksichtigt werden!)
Um sich für die TALENT-Tage anmelden zu können, die meist im Juni an der Säbener Straße stattfinden, muss man nicht im Raum München wohnen. Im Prinzip können junge Talente aus der ganzen Welt bei diesem Sichtungsturnier teilnehmen. Alle Ausbilder des FC Bayern München beobachten dabei die vorspielenden Kids und wählen ihre Favoriten aus. Die Besten werden direkt in die jüngsten Mannschaften des Junior Teams berufen.
So lief es 2013 ab: Bewerben durften sich die Jahrgänge 2003 bis 2006. Rund 500 Kids wurden zugelassen. Jeder Teilnehmer durfte bei einem Kleinfeldturnier (fünf gegen fünf) für drei Spiele zu je 20 Minuten ran. Dann beratschlagten sich die Trainer des von den Ex-Profis Wolfgang Dremmler und Michael Tarnat geleiteten Junior Teams. Und die Besten erhielten einige Zeit später eine Einladung zum Probetraining.

Neben den TALENT-Tagen veranstaltet der FC Bayern jeden Sommer gemeinsam mit der Hans Dorfner Fußballschule zudem viele Fußballcamps. Diese finden nicht nur an der Säbener Straße statt. 2013 gab es solche Camps zum Beispiel im Trentino, im Europa-Park Rust, in Bochum, in Salzburg und in Herzogenaurach. Genaue Informationen und die Anmeldeformulare zu den einzelnen Camps sind unter dem Link www.fcbayern.telekom.de/kidsclub/fussballcamp.php abrufbar. Melden sich zu viele Kids an, werden die Teilnehmer ausgelost.

T··Home·

Föttinger, Bayern - München
SAMMELWETTBEWERB
0586637
aufbewahren. Bitte, Rückseite beachten.
adidas
adidas
IVECO